像艺术家一样教学

富有创造性的教学方法

[英] 苏·考丽 著
Sue Cowley
徐臻 译

THE ARTFUL EDUCATOR

Creative, Imaginative and Innovative Approaches to Teaching

中国青年出版社

图书在版编目(CIP)数据

像艺术家一样教学：富有创造性的教学方法/(英）苏·考丽著；徐臻译.
—北京：中国青年出版社，2023.11
书名原文：The Artful Educator: Creative, Imaginative and Innovative Approaches to Teaching
ISBN 978-7-5153-7020-0

Ⅰ.①像… Ⅱ.①苏… ②徐… Ⅲ.①课堂教学－教学法－研究 Ⅳ.①G424.21

中国国家版本馆CIP数据核字（2023）第154718号

像艺术家一样教学：富有创造性的教学方法

作　　者：［英］苏·考丽
译　　者：徐　臻
责任编辑：高　凡
美术编辑：杜雨萃
出　　版：中国青年出版社
发　　行：北京中青文文化传媒有限公司
电　　话：010-65511272 / 65516873
公司网址：www.cyb.com.cn
购书网址：zqwts.tmall.com
印　　刷：大厂回族自治县益利印刷有限公司
版　　次：2023年11月第1版
印　　次：2023年11月第1次印刷
开　　本：787mm × 1092mm　　1/16
字　　数：100千字
印　　张：12
京权图字：01-2022-5958
书　　号：ISBN 978-7-5153-7020-0
定　　价：49.00元

献给在过去二十年中

与我分享独到见解的杰出教育者。

致 谢

感谢所有启发我思考的教育者，他们为本书贡献了自己独到的观点。感谢皇冠出版社（Crown House Publishing）团队，特别是路易丝·厄普顿（Louise Upton）给予我的支持。感谢蒂拉克（Tilak）、阿尔维（Álvie）和伊迪特（Edite），没有你们的帮助，这本书不可能问世。

目　录

前　言

内心须混沌一片，才能诞生跳舞的星。

——弗里德里希·威廉·尼采（Friedrich Wilhelm Nietzsche）

在许多场景中，教学是教师发挥艺术力，尝试富有创造性的教学方法解决问题的过程。作为教师，我们每天需要面对很多问题，做出许多决定。例如，我如何帮助学生理解、记忆、应用知识？如何搜索、获取、利用教学资源？如何帮助学生掌握学习技能？当教授传统的艺术类学科（如美术、音乐）时，我们的艺术力可能很容易被激发出来。但本书关注的重点，是鼓励教授任何学科的教师，尝试富有创造性的教学方法，培养艺术力。在第一部分，我概述了艺术的哲学与学习态度在教学中的体现。在第二部分，我着重探索了课堂教学与不同艺术表现形式之间的关联。

时下从科学、数学、经济学等跨学科的角度进行教学研究已成为一种风尚。人们在谈论教育时，会使用“机会成本”“指标”“最有效的方法”，甚至“经济产出”等词汇。各种研究告诉我们“何为有助于学生学习的最有效的方法”。然而现实是，一味寻找最有效的方法，反而使我们陷入无尽的争论之中。研究可以增加我们对学习的科学的了解，但无法告诉我们在特定的时间、环境中，在与每一个独一无二的孩子相处时，哪种方法是真正合适且有效的。

我希望通过本书向读者展示，当我们以艺术家的多重视角重新审视教学内容时，它会是什么样子。我从未认为富有创造性的教学方法是最有效的，本书也并非教学设计的蓝图，它仅是一组建议的集合，为那些具有艺术潜力、创新精神的教育者而作。希望这本书能够给予你勇气，无论什么时候，只要有可能，勇敢地做出改变，在每一次的尝试中成长为更具艺术力的教育者。

第一部分

艺术的态度

第一章

艺术的哲学

他们试图埋葬我们，但他们不知道，我们是种子。

——迪诺斯·克里斯蒂亚诺普洛斯（Dinos Christianopoulos）

定义“什么是艺术”是件复杂且困难的事情，可能有无数种答案，“艺术是事物本应有的样子”或许可以被视作其中一种回答。然而，艺术可以确定的特征之一，是它不关乎对与错，也不关乎确定性和标准化。那么对于教师来说，艺术又意味着什么呢？对我来说，教学中体现的艺术的哲学，是教师尝试通过富有创造性的方法，解决教学中的问题。艺术的哲学是在标准化的对面，与学生建立创新性的学习关系。艺术在观看者眼中是内心感受与情感的表达，它源于个体对周围世界的反应。因而在与学生共同学习的过程中，我们需要尽可能让学生投入更多的情感，建立与课程内容的联结，带给孩子丰富的情感体验，激发学生进行深度思考、学习。

具有艺术力的教师相信每个孩子都是独一无二的，拥有独特的天赋和兴趣，且每个孩子都能够以适合自己的学习方式，达到最佳的学习效果。

面对“研究表明某种方法是最有效的”等类似的表述，我们不禁会产生这样的疑问：“有效”具体指的是什么？是否考虑过其他因素的影响？如何保证方法在任何学科、任何场景中“有效”？正如没有两件艺术作品是相同的，每一门学科也有其独一无二的特征。我们需要思考，衡量一节课价值的标准，是它能够启发学生思考，激发学生对某一领域或某一专业知识的兴趣？还是能够保证学生通过考试？基于希望达成前者目标的初衷，具有艺术力的教师并不认同向学生传递统一编写的课程标准的教学方式，他们选择为学生展示富有创造性的“魔法”。尽管“魔法”并非每次都能达到预期的效果，但他们会持续地尝试新的教学方法。

学习是一段曲折而漫长的旅程。在前行的过程中，我们需要不时地回头看一看自己最初的目标，曾走过的路。有时，我们需要坚持度过一段枯燥的、重复练习的时光。有时，我们可能不得不经历无数次的尝试、失败、再尝试，而当我们以为自己终于抵达向往的地方时，可能会突然意识到，原来还有更多的未知等待我们去探究，亦或是发现，我们一直追求的是一个错误的目标。这就是学习者的旅程，我们在尝试、体验、反思中慢慢找到属于自己的、正确的道路。

什么是教师的艺术力

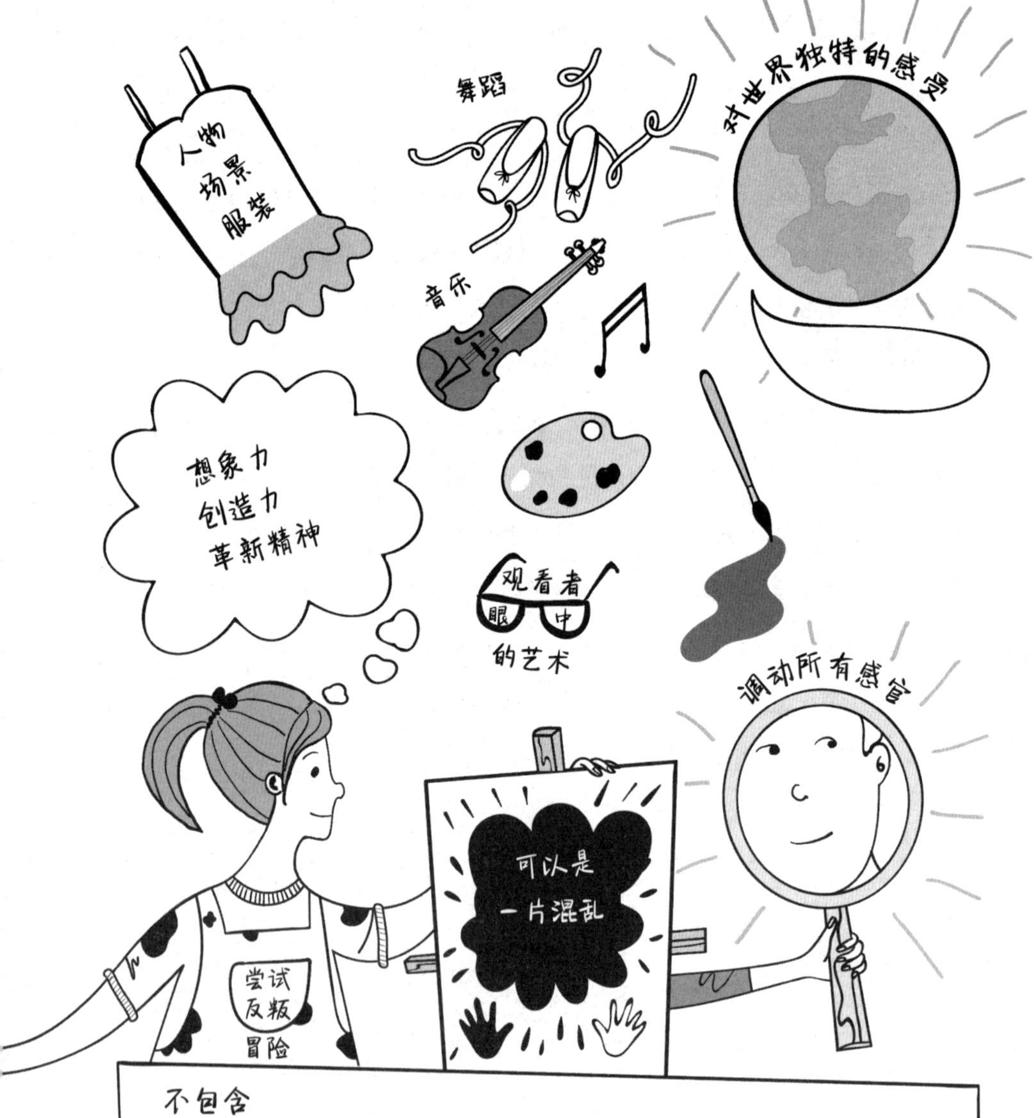

不包含

正确或错误的判断、标准流程、最有效的方法

根据脚本教学、永远禁锢在一个领域。

与学生的关系
好奇
欢笑
激烈讨论
专注
赋予力量
有趣
创造力
技能
需要
学习是一段
曲折而漫长的旅程
革新
建立
自信
更深刻地
思考
与
感受
种子
成长

第二章

艺术的学习态度

我不惧怕暴风雨，因为我正在学习如何驾驶我的船。

——路易莎·梅·奥尔科特（Louisa May Alcott）

《小妇人》（*Little Women*）

具有艺术力的教师掌握的技能，不是外科医生必须掌握的缝合技能，或工程师掌握的测量和施工的技能、科学家掌握的假设和证明的技能、商人掌握的评估和分析的技能。具有艺术力的教师更像是艺术家，会像舞蹈演员一样在房间里轻快地奔走，像音乐家一样将不同类型的声音和音乐融入教学，创造学生高度参与的学习环境，与学生一起以艺术的视角进行思考、理解、学习，以艺术的形式进行表达、创作。

如何面对失败

由失败产生的恐惧情绪会成为我们持续学习的阻碍，我们需要让学生意识到失败与成功是紧密结合在一起的。进步首先要需要展现错误，继而通过分析错误或失败，学习如何做得更好。我们只有在尝试用一门新的语言沟通时，才真正开始学习这门语言。每一个学习者都需要经历这样的旅程。尝试得越多，自然会面对更多的失败，但我们也会在这一过程中学习如何做得更好。面对失败，我们需要做的，是勇敢地再试一次。你可以通过以下方式，鼓励学生不要因为恐惧失败而停止尝试：

- 在谈论学生的错误时，审视自己的语言。避免以消极、批判的态度评价学生的成果，应肯定学生做出的努力，并提出改进意见。
- 向学生展示如何以幽默、从容的态度面对失败，或他人的质疑。
- 允许学生在一项任务中进行多次尝试，并在尝试失败后，总结经验。同时，学会及时止损。
- 你可以故意留下一些错误的线索，让学生发现并指出错误。
- 在学生面前做一些你此前从未尝试过的，或自己没有信心做好的、难度较大的事情。例如，学习魔术或一门新的语言、创作一副肖像画。向学生展示你如何克服学习过程中遇到的阻碍，并最终做成这件事。
- 以更包容的态度对待学生的失误，避免简单地将工整的书写等同于深度思考，而将不工整的书写等同于无价值的思考。允许学生以涂鸦的方式，记录、表达自己的观点，同时监督学生不断提高书写水平。

100次尝试中的99次失败

当我们看到一件已完成的艺术品时，我们看到的是艺术家完成创作后最终呈现的结果，而在创作的过程中，很多素材会被丢弃。例如，预备草图、粗略的计划，不成熟的想法会被归档，以备下次使用。我们不需要知道在作品创造的过程中艺术家舍弃了什么（尽管有的观众在知晓后，会觉得艺术家舍弃的部分也非常有趣，且具有启发性）。然而，我们需要意识到，正是不断地舍弃原有想法，持续改进，伟大的作品才得以诞生。没有人能够做到，也不应被要求在第一次尝试时，便创作出完美的作品。

在100次尝试中，可能有99次我们都会感觉它是失败的、有瑕疵的。而我们需要做的，是果断地舍弃已完成的，但被证明是错误或无价值的工作，重新开始。或者，在已完成的工作的基础上进行改进，继续尝试。同样地，在教学中并不是学生的每一篇作业都必须经过批注、标记、修改、完善的过程。有时，对待一份糟糕的作业的最好做法，是让学生把已经写完的作业揉成一团，扔进废纸箱，然后重写一篇。

你可以通过以下方式，培养学生孩子坦然接受在100次尝试中的99次失败：

» 向学生展示正在进展中的工作是如何运作的。从计划、前期准备、实践、调整、舍弃、尝试新方法、调整、实践，直至最终目标达成。

» 为学生安排一些可以快速完成的任务。例如，在2分钟内完成一个草图，或者在3分钟内写作一个完整的片段。避免在任务结束后立即对成果进行评价，使学生将其视为可调整的初期样本，而不是无法更改的最终作品。

» 把学生所有的作品集中放在一个文件夹里，在学期结束的时候进行展示，让学生选出自己最满意的作品，以及他们想舍弃的作品，并说明原因。

成为孩子学习的榜样

如果我们希望培养学生某一品质，或训练学生掌握某一技能，那么我们必须做的一件事，是向学生展示具备这一品质或技能的人，他能够做到什么，他们是怎样的人。甘地（Mahatma Gandhi）曾说，“我们必须成为我们希望在世界上看到的改变。”如果你希望学生保持对学习的热爱与专注，那么首先你需要让他们感受到你对学习的热爱与专注。你可以尝试：

» 与学生分享你的失败及成功的经历，展示你应对各种挑战和失误最终成功地完成一项任务或一件作品的全过程。例如，你可以向学生展示你的作品草稿，上面保存着标注和更正的痕迹，或让学生阅读自己编辑的文章，与他们分享你不断修改、完善文章的过程。

» 鼓励学生大胆地纠正你的错误，培养学生敢于质疑权威的精神。

» 在原有的课程计划基础上进行横向拓展，将学生提出的想法或问题融入教学。

» 搜集资料，为学生提供多元的学习素材。

» 利用可感的艺术作品（如绘画、手工、文创等）营造富有艺术性的学习环境，这些艺术作品可以是你或学生的原创作品，也可以是世界著名艺术作品的复制品。

» 与学生分享你的观点、想法，并针对问题展开深入的讨论，鼓励学生在探寻事实与逻辑主导的客观世界的同时，关注自己内在充满想象的主观世界。

» 与学生分享你的原创作品。例如，一篇文章或一幅绘画作品。向学生讲述你的创作理念、过程与感受。

如何面对教学中的不确定性

培养创造力的过程离不开尝试新的事物或方法，这也意味着我们需要承担各种未知风险，面对与期望不符的结果。同时，在教学中，即使我们在第一次的尝试中得到了满意的成效，第二次实践的结果也可能会令人失望。例如，受安妮 · 菲恩（Anne Fine）的《面粉宝宝》（*Flour Babies*）一书的启发，我给每位学生一小袋面粉，作为他们的"面粉宝宝"，并告诉学生必须在学校和家里照看面粉宝宝一周。我们和"面粉宝宝"在课上进行了很多戏剧即兴表演，这一活动使学生体会到，在现实生活中照顾一个宝宝是一种怎样的体验。但在我第二次让另一个班级的学生照顾"面粉宝宝"时，效果却并不尽如人意。管理员在休息时间把我叫到操场，我们的"面粉宝宝"正在那里经历这各种"磨难"。我由此总结出，不要期望不同的学生对相同的活动做出类似的反应，我们应随时准备好面对教学中的不确定性。

在尝试新的实验性教学方法之前，你可以尝试：

» 与自己的直系领导或导师讨论。讲述自己遇到的问题、困惑、担忧，主动寻求他们的支持与帮助。

» 思考可能发生的最糟糕的事情是什么？倘若糟糕的事情真的发生了，你会做出怎样的反应？正确的应对方式是什么？需要提前做好哪些准备？

» 准备一个后备计划。思考当你无法掌控课堂，或者学生对新的教学方式并不感兴趣时，如何及时做出调整。例如，你可以准备一个能够让孩子们马上安静下来的活动，以此创造一个暂停的间隙，思考下一步该怎么做。

» 观察同事是否曾在课堂教学中使用过类似的方法，询问他们此方法存在的潜在风险，有何建议。

» 尽量在动手实践活动中留出比计划更多的时间，尤其是在活动中学生需要使用剪刀、颜料、胶水等材料时，应留出两倍于原计划的操作、清理时间。

自信与谦逊

当我们尝试一些新的创造或新的方式时，往往会陷入这样一种矛盾的情境：一方面我们必须有足够的信心与世界分享我们的创造或新的方法，另一方面我们要保持谦逊，意识到我们所相信的、所做的可能是不正确的，或无法一直保持正确。与他人分享自己的观点与愿景需要强大的自信。有时，尽管我们对自己正在做的事情充满信心，在面对课堂观察时，我们仍会感到紧张，产生自我怀疑，担心如果课堂观察者不认同、不喜欢我的教学方式，该怎么办？

我们应对自己的判断与能力有信心，这并不是说我们不会犯错。信心来自于这样一种信念，即我的行为与我的教育观、价值观是一致的。

同时，我们也可能会因为执着于自己的想法，将这份自信转变为自负。通过反思过往的失败经历，挑战自己做一些高难度的事情，或学习他人更高水平的成果，我们可以明晰自身的不足，重新找回自信与谦逊间的平衡。

给予学生多感官参与的学习体验

当我们试图理解艺术时，我们会通过身体，调动各种感官去感受、理解艺术所表达的内容。例如，当我们阅读一首诗时，脑海中会出现一个立体图像，读者对文字的理解程度越高，由文字产生的立体图像的空间感与真实感则越强。同样地，在教学过程中，学生参与知识获取、理解、记忆过程的感官体验越丰富越好。在课堂上，我们往往主要使用视觉和听觉传递内容，但不要忘记，我们拥有五种感官体验。学生不仅通过大脑学习，还通过身体感受着课堂环境，体验着学习中发生的一切。

户外教学为给予学生多感官参与的学习体验提供了更多的可能性。在自然环境中，我们可以听到鸟鸣声，闻到植物留在指尖的味道，感受微风在耳边拂过，观察云的形状。时下森林学校、校园森林运动的兴起，以及国际泥巴日等户外主题活动日的流行，同样证明了多感官参与的学习体验正在得到更多教育者的关注。

参与、互动、反馈

艺术的意义同样诞生于艺术家和观众的互动中。当观众注视着艺术，并以某种方式回应它时（或许并非以艺术家预想的方式）新的意义随之产生。同一本书，每位读者会有其独一无二的理解，同一幅画，不同的观看者注视着它时，会产生不同的联想，演出亦然。艺术作品意义的产生，依靠艺术家的创作，同样依靠观众的参与、互动、反馈。同样地，有效教学只有在教师和学生行走在同一学习轨道时才会发生。教学并非由教师决定的单向旅程，它是教师与学生一同创造的学习体验。因此，我们应时刻提醒自己以下几点：

» 教学可以在任何“非学习”的时刻进行。
» 学习可以在任何“非教学”的时刻进行。
» 学习不仅仅发生在学校，学习可以在任何场景中发生。

我们应尊重、保护每位学生作为独立的个体拥有的自主学习意愿，尽量避免将学习压力施加给学生。如果学生有紧张、不安、无聊或厌倦的情绪，强迫他们更加努力，可能会使他们的学习进程倒退，而不是前进。但如果我们能激发学生对学习的持久热爱，他们会抓住各种机会自主学习，并成长为终身学习者。你可以尝试以下方法，帮助学生从更长远的角度看待学习：

- 树立学习的榜样。邀请自己曾教过的学生回母校分享他们的成长和学习经历，或邀请学生的祖父母讲述他们如何践行终身学习。
- 设置形式多样的家庭作业或研究活动，鼓励学生在完成任务的过程中，探索他们真正感兴趣的领域，并根据兴趣或自己发现的问题，进行多方向的深入探索。
- 成为学生最忠实的观众，或为学生找到支持、鼓励他们学习的忠实观众。在学习的过程中，学生会与支持、鼓励他们学习的观众建立深度联系。学生总是会希望自己能做得更好，以获得更多的认可、关注。
- 开设“职业体验日”，邀请家长向学生讲述自己从事的工作，以及在工作中应用的技能，向学生展示他们未来可能选择的职业道路。

延展课程的广度、深度和多重意义

成为具有艺术力的教师需要对影响我们当下文化、社会、世界发展的艺术形式，如古典和流行艺术，印象派（Impressionism）、街头艺术（Street Art），以及保罗·塞尚（Paul Cézanne）、班克斯（Banksy）等不同时期、不同流派的艺术家有广泛的了解，这有助于我们与学生建立深度联结（孩子们可能会十分惊讶老师会听他们喜欢的流行音乐，或了解他们喜欢的动画）。任何艺术形式都包涵多层次的意义，包括直接的表面意义，以及潜台词与引用交织的深层意义。同样地，我们也可以通过延展课程内容的广度和深度，注重细节的处理，丰富教学设计的层次。皮克斯动画就是一个很好的例子。从表面上看，皮克斯动画是以儿童为主要观众群体进行创作的，但其台词与情节的设计极具启发意义性，成年观众同样能够与之产生共鸣。

你可以尝试以下方法，延展课程的广度、深度和多重意义：

- 分层教学。根据学生的兴趣、学习进度设计不同的学习、阅读材料。
- 密切关注流行文化趋势，了解学生时下喜欢什么，尝试在课程设计中借鉴流行艺术的表达方式。例如，以流行歌曲命名一项课堂活动。
- 借鉴来自不同文化的艺术形式，以增加教学的广度。
- 阅读跨年龄段的作品，熟悉学生时下热衷阅读的书目，以及喜欢的作家。

- 观看不同类型的纪录片和电影。
- 了解世界范围内收视率长期保持在较高水平的儿童电视节目。
- 利用空闲时间欣赏音乐、戏剧、舞蹈等不同艺术表现形式的现场表演。
- 定期参观艺术展览和博物馆。
- 培养一项长期爱好，例如绘画、声乐、器乐演奏、园艺等。

与专家合作

倘如你没有艺术表演或艺术理论的专业学习经历，在尝试富有艺术创造性的教学方法时，你可能会因为自己不具备艺术专业相关的知识和经验，而感到不自信。但其实，即使你是一位职业的音乐家，在遇到包含舞蹈元素的教学内容时，你依旧会怀疑自己。对于希望成为具有艺术力的教师来说，提高自信和教学技能的关键，是尽可能更广泛地了解多种艺术形式，并学会寻求外界的帮助，与各领域的专家进行交流合作。你可以尝试：

» 组织学生参加与作家共读一本书的活动。

» 邀请当地的艺术家与学生共同完成一个艺术项目。例如，邀请一位纺织艺术家或陶瓷艺术家，为学校设计一个艺术装置，或制作一个雕塑。

» 邀请在艺术领域工作的学生家长分享他们的工作日常。家长的职业可以是平面设计师、建筑师，或插画师等。

» 与当地的艺术中心或博物馆的负责人、策展人进行沟通，询问他们是否愿意与学校合作，允许学生以创作者、讲解员、志愿者的身份参与艺术展的策划，或邀请他们到学校，向学生讲解如何观看一件艺术品，分享艺术家的故事等。同时，你也可以利用线上资源，许多世界著名的博物馆为儿童、青少年制作了专门的网站及线上课程，分享与艺术相关主题的资讯与学习资源。

第三章

培养创造力

知道如何玩耍是一种快乐的天赋。

——拉尔夫·沃尔多·爱默生（Ralph Waldo Emerson）

拥有创造力不仅仅意味着我们需要培养质疑、创新、探索的精神，拥有专注与自律的品质，持续精进学习技能同样重要。学习是强主观意愿主导的行为，我们很难通过外部的压力激发创造力，但我们可以尝试先去做一些富有创造性的事情，在实践与反思中潜移默化地培养创造力。

精进技能与自律

创作力的培养离不开严格的技能训练与自律。这听上去似乎有些矛盾，或许你会说，艺术创作不就是为了反抗陈规、追求自由吗？的确，由于艺术的创造和欣赏过程都是较为主观的，作品的艺术性很难被衡量，但这并不意味着艺术表现不具备连贯性和可控性。对于技艺高超的艺术家来说，保持高度的自律，持续精进技能的目的，是为了给自己进行自由创作留出更多的空间，不必在遵循标准与规范方面耗费大量的精力。

近年来，以理论知识为基础的课程要求学习者须先掌握理论知识，然后才能进行创作。例如，学习者需首先学习正确的绘画方法，在对绘画技术、发展历史，以及不同画家的风格有了广泛的了解后，才能开始自己动笔绘画，这是对创作的误解。现实是，理解、掌握理论及技能与自由创作是同步发生的。并且，倘若你已熟练掌握某一专业的理论及技能，你依旧无法保证自己可以在任何需要的时间和场合，自由地发挥创造力。我们能够做的，是通过大量的刻意练习与实践，激发创造力。重要的是在练习与实践中进行反思，加深对专业的理解。

你可以通过以下方法设定有关学习技能训练的标准：

» 培养精益求精的学习态度。

» 研究你所教授的学科的优秀教学案例，观察、学习教学高手或教育专家一直在做哪些事。

» 设定清晰的任务目标和时间限制，并根据学习进度，逐渐增加技能练习的时间。

» 尝试完成一些较高难度的项目，或投入大量时间和精力完成一件作品。

» 避免大量的、无效的重复训练，技能训练的目的是让创造发生，而非阻碍它的发生。

专注思维与发散思维

我们无法像挤牙膏一样强迫学生在特定的时间、场合发挥创造力。创造力的产生通常是自发的，依靠专注思维与发散思维的结合。因而，我们可以尝试通过正念教学或带领学生在户外近距离观察自然（如贝壳、鹅卵石、花朵、树叶）的方式，让学生安静下来，专注地研究一个物体，展开对自然的想象与联想，培养专注思维与发散思维。

你可以尝试以下近距离观察的学习活动：

» 带领学生到户外，观察并绘制云朵的形状。

» 让学生将观察对象放置在实验台，仔细观察并记录物体的质量、表面形态、气味等。

化繁为简

艺术作品的最终呈现形态可以是复杂的（如巴洛克建筑或哥特式建筑的设计），也可以是简单的（极简主义的设计）。艺术并不仅仅与华丽、繁复的结构有关，创造美的过程也可以是一个不断简化的过程。在学术研究中通常是某一领域的专家、学者能够做到快速地提炼内容的关键点，并用最精炼的语言阐述研究内容。教学亦是如此，我们应围绕课程的核心概念、问题，将我们所教授的学科的复杂知识进行简化，将其转化为易于学生理解的形式。

在我刚刚从事教学工作时，我常常会将课程内容复杂化，我会向学生传递大量的内容，但事实上，学生并不一定会完全理解或记忆它们。其实，优秀的课程设计往往非常简单，它仅聚焦一个核心概念、问题。简单之下是深刻而强大的美。诗歌就是一个很好的例证，诗人用精炼的语言表达极为丰富的意象。如果你也有将课程内容复杂化的习惯，那么就要有意识地让课程设计的形式、风格更像一首诗，而不是一篇小说。

你可以通过问自己以下几个问题，简化教学设计：

» 如何将本节课的内容总结为一句话？
» 是否可以用一张图概括本节课所教授的内容？阐释概念的最简单的方式是什么？如何通过提出一系列问题，启发学生进行深度思考？
» 是否可以借助简单的教学用具，或实验器材帮助学生理解？
» 我最希望学生记忆的一个知识点是什么？

善用隐喻

隐喻不仅能够为抽象的概念增添更多的可理解、可感受的信息，还可以帮助学生从不同的层面理解其意义。一个富有延展性的隐喻就像一根线，能够将不同的信息点连接在一起。同时，它也会像故事一样，帮助你直指概念的核心，使学生将陌生的概念与自己熟悉的生活联系起来，让整个学习过程更加有趣、难忘。

曾有一位中学教师与我分享了她使用隐喻阐释欧洲封建制度（feudal system）这一概念的教学过程。她会请学生扮演国王骑士、农民，用一袋薯片代表国王拥有的所有土地。国王会任命一些贵族和领主，并给他们每人一些土地。接着，贵族和领主会选出为他们战斗的骑士，每位骑士又会从贵族和领主手中分得少量土地。而大量的农民则需要依靠耕种土地换取保护，而他们可分得的土地是极少的。当然，你可以仅使用文字语言向学生阐释封建制度的概念，但利用薯片这一可感的隐喻代表土地，对于学生而言则更加有趣，且易于理解、记忆。

定位学生的忠实观众

任何形式的艺术作品（小说、绘画、雕塑等）只有在被观看者阅读、欣赏、理解时，才能传递其承载的意义，当剧院或音乐厅座无虚席时，演员数月的排练才有价值。观众给予艺术创作者、表演者的反馈对提升他们的专业技能至关重要。同样地，为学生找到欣赏、理解其作品的观众是十分必要的，观众的反馈会让学生觉得自己的作品是有价值的，这能够增强学生的自信与成就感。

你可以尝试以下方法，定位支持学生学习的忠实观众：

- 学生想要给谁留下深刻印象，谁便是学生的最佳观众群。
- 尝试在不同领域、不同年龄段寻找观众，而非不仅限于教师和家长。
- 利用网络，连线来自不同国家，或拥有不同文化背景的观众。
- 为参加学生作品展的观众，准备一场轻松的学术活动。例如，你可以组织一场科学派对，或在现场做实验证明某一个数学原理或物理定律。

利用旧事物的价值

任何艺术形式都建立在一系列已有作品的基础上，即使某些艺术创作者的初衷是打破旧事物、抛弃传统，他们都无法避免走在前人的脚步之上，利用旧事物的价值。如果你观察梵高（Vincent Willem van Gogh）早期的作品，会发现他深受传统绘画与写实主义画派的影响。他的第一批作品是沉重的灰黑色系，颇具现实感。而此后，他在绘画中尝试采用了更多较明亮的颜色，以及抽象、夸张的表现方式，这对后印象主义的发展起着至关重要的作用。

任何新兴艺术流派的作品都是当时的新事物，也将成为影响未来艺术家创作的旧事物。艺术家在已有作品中获得灵感，并在自己作品中延展出新的意义内涵与表达的层次。例如，艺术家会在自己写的歌里加入莎士比亚的戏剧台词，或是作家在现代故事的写作中引用典故。作为教师，我们同样可以利用已有的艺术成果，延展课程教学内容的深度与广度。

» 收集不同国家、地区的神话、传说或民间故事。

» 了解其他文化独特的艺术表现形式及其发展历史。例如，位于西班牙的阿尔罕布拉宫。

» 参观博物馆，在那里你可以与学生观察、欣赏、研究创作于不同时期的艺术，思考它们与当代艺术的关联。

» 设计跨学科项目式学习内容。例如，从过去的绘画作品中搜集非文字性的历史信息，或探索工程师在建筑设计中使用的数学原理。

感受新事物的冲击

具有创造力的人往往具有较强的反叛精神，他们所做的事情，往往出人意料，打破常规。例如，伊戈尔·斯特拉文斯基（Igor Feodorovich Stravinsky）的《春之祭》（*The Rite of Spring*）演出，以及达明安·赫斯特（Damien Hirst）切割奶牛的艺术展和特雷西·埃敏（Tracey Emin）的作品《我的床》（*My Bed*），展示自己未整理床及周围散落的私人衣物。当他们第一次尝试做不同寻常的事情时，身边的人会说："哦，天哪！你不能这样做！"但几年后，大众的评论又变成"我一直都认为，这就是真正的艺术！"在飞速发展的互联网世界，我们每天都能看到新的技术、应用出现，但在几年前，又有谁会想到网络博主会成为一项热门的全职职业呢？因此我们应该与学生一起感受、探索新事物带来的冲击，并从中获得启发与灵感。例如，你可以尝试：

» 鼓励学生将过去的艺术作品以现代的表现形式进行再现。例如，运用当代的艺术创作的材料及方法再现梵高的《在阿尔勒的卧室》（*Bedroom in Arles*）？
» 让学生分别尝试当代艺术创作的材料及方法（再生塑料、视频艺术），以及传统艺术创作的材料与方法（美术颜料、素描）。
» 与学生一起了解、观察二十及二十一世纪的当代艺术作品。例如，马塞尔·杜尚（Marcel Duchamp）的作品《喷泉》（*Fountain*）[①]，并与学生讨论《喷泉》可以被视作艺术品吗？我们上传至网络的视频可以被视作艺术品吗？艺术的定义是什么？

» 向学生展示富有创新性的想法或作品通常会得到的两种截然不同的反馈——完全的欣赏或完全的否定。我们不应因外界的反馈而放弃独立思考。仅仅在几年前，自动驾驶汽车被视为天方夜谭，但现在它已成为现实。

① 《喷泉》（*Fountain*）是一件带有R·马特，1917（R. Mutt 1917）签名字样的白色陶瓷小便斗，是杜尚1917年创作的现成品艺术（通常指一件人工制造、具有实用功能的物体，也可以是自然产生的物体，在艺术的语境中被艺术家重新利用）。

跨学科、主题、形式的项目式融合视角

在有些时候我们理解问题、事物的最佳方式是从一个间接、交叉的角度看待它，而不是从正面直视它。我们可以尝试通过融合不同角度的观点，使之与主题匹配，找到一个有趣、不寻常的想法组合。你可以从赋予艺术深刻内涵的交叉引用和丰富意象中感受到，融合视角的过程有助于我们释放创意的无尽可能性，进行横向思考。

你可以通过以下方式，尝试从跨学科、主题、形式的项目式融合视角展开教学：

- 将一个学科的概念融入另一学科的概念学习中。例如，将数学概念融入生物课教学，研究以斐波那契数列排列的向日葵种子，或在学习生物遗传定律时，应用数学概率知识。
- 通过将不同的主题与形式融合，设计新的表达形式（如拼贴画），选择一种主题形式（如英语戏剧）。例如，将拼贴画与戏剧结合，你可以让学生尝试将文字与图片用拼贴的方式组合在一起，阐释对莎士比亚戏剧中麦克白夫人的理解。
- 让学生将某一形式的内容“翻译”为另一种形式进行表达。例如，播放一段音乐，让学生在听的过程中用速写、泥塑、文字等形式呈现音乐承载的内容。

感受多种形式的美

艺术性是主观、难以测试和衡量的。面对同一件艺术作品，一个人认为这是一件伟大的作品，而另一个人可能会说，“那到底是什么？”有些伟大的艺术作品看上去似乎很“丑陋”。例如，巴勃罗·毕加索（Pablo Picasso）创作的《格尔尼卡》（*Guernica*）是一幅以单纯的黑、白、灰三色构成的、充满凄凉感的黑暗作品，然而这样抽象的描绘却真实地反映出战争中人们惊恐、痛苦的情感。达明安·赫斯特（Damien Hirst）的作品《一千年》（*A Thousand Years*）为观众展示了一个密闭的玻璃箱，里面包含蛆虫和苍蝇，它们正在吸食一个带血的牛头，牛头上方放置着一个电网。从美学角度来看，这个作品毫无美感，无法为观众提供愉悦的观赏体验，但它会长久地留在观看者的记忆里。

同样地，作为教师，我们不应仅以整洁、美观作为评价学生作业的标准，而是肯定、鼓励学生创作、感受多种形式的美，不以事物的外表形态轻易判断其内在价值。例如，我的一位同事曾将果冻和饼干混合，放入带有狗粮包装的罐头盒中，以此向学生说明，我们不应将包装外表呈现的信息等同于其内在的真实价值。

将想法可视化

发挥创造力的过程往往是从假设、想象一些尚不存在的内容或事物开始的。假设与想象是人类创造意义的关键。当你开始绘画之前，画面的景象仅存在于你的脑海中，由你创作完成的故事，此前也从未被他人书写过。我们需要通过将想法可视化，将想象的内容转变为现实中存在的作品，使创造力可见。其实，在童年时期，我们已掌握了在玩耍中通过假设与想象释放创造力。例如，小朋友会把一根树枝当作一把锋利的剑，或把一块外形规则的石头当作美味的蛋糕，将其放在食品架上出售。在课堂教学中你可以尝试以下方法向学生展示如何将想法转化为可视化的表达：

» 伴随着你的轻声提示，让学生闭上眼睛，并在脑海中想象一个故事。例如："想象你正沿着海滩散步。你的周围有什么？沙子是什么颜色的？你踩在上面有什么样的感觉？眺望远方，你能看到什么？"

» 与学生一起创作一个短篇故事。你负责设计故事的结构，由学生发挥想象，补充故事的细节，完成具体语句的写作。例如，"在故事的第一句话你需要描述了一座城市的天际线。此刻，你身处哪里？天际线看起来像什么？"

» 在教学中扮演不同的角色，做一些能够带给学生惊喜，超乎他们期待和想象的事情。例如，在小学，你可以扮演一个充满智慧的神秘巫师，或正在学习的故事中的人物。在中学，你可以扮演一位为政府提供建议的科学家、历史中的人物，或是寻找新录音棚的音乐家。

第四章

富有创造性的教学计划

艺术永远不会结束，只会被抛弃。

——列奥纳多·达·芬奇（Leonardo da Vinci）

任何一个能带来改变的、有价值的想法，在其形成之初都是不完美的，制订教学计划也是如此，我们很难在备课时，预设所有可能在课堂上出现的问题。因此，富有创造性的教学计划应是开放而灵活的，为学生打开通向理解的多个入口。例如，从一个问题开始、从一个活动开始、一个节目开始等。同时，它也是具体的，能够将抽象的概念以学生可感的实验或实践活动展现出来，帮助学生理解、记忆、应用所学。

抽象的概念，具体的实践

富有创造性的教学计划的主要特征是将抽象的概念带入学生熟悉的情境，以具体的实践活动帮助学生理解概念的意义，以下是一位教师向学生展示负数概念的活动设计：

- 在塑料盆中注入适量的水（塑料盆可以选择婴幼儿洗浴盆）。
- 首先，让学生在盆中加入一定数量的冰块。以冰块作为可感的隐喻，帮助学生理解负数的概念。
- 加入冰块，盆中的水温降低。即任何一个数字加一个负数，该数字本身的数值则会减小。
- 倘若一开始盆中无冰块（0），加入两个冰块后（–2），水温下降，则得到，0 +（–2）= –2。
- 然后，让学生从浴盆中取出两个冰块，盆中的水温逐渐升高。即任何一个数字减去一个负数，该数字本身的数值则会增加。
- 倘若盆中原有四个冰块（–4），减去了两个冰块后（–2），则得到，–4 –（–2）= –2。

从哪里开始

在制订教学计划时，我们通常首先确定需要教授的概念、内容、技能，或需要传递的信息，然后倒推教学计划。这样做有一定的合理性，因为我们必须涵盖一个学科的特定方面，而教学也应按照特定的顺序进行。这是一种以“我怎样才能最好地传授知识”为目标导向的计划方法，虽然它是合乎逻辑的，但多年的教学经验证明，这种方式有时会扼杀我的创造力。当我以这种方式备课时，我很难设计出真正吸引学生的课堂教学内容，并真正帮助他们理解所学。换句话说，从明确课程内容或知识点开始制订教学计划，似乎并不总能帮助我以最佳的方式教学。

富有实验性的备课方法之一，是不从课程内容或知识点开始（尤其是在创意产生阶段）。你和学生可以放弃在想法收集阶段总结的部分或全部想法，我们需要的，是一个真正富有创造性的火花，赋予整个学习过程独特的意义。同时，我们也要注意，一个想法对当下的教学计划而言或许是不合适的，但这并不意味着它对下周、下个月或明年的教学计划没有帮助，它可能会在某个未知的时间点带给我们启发。我认为，相比在星期天晚上花费大量时间和精力制订计划，我们在课堂教学中偶然迸发的灵感，以及在场的即兴教学更有价值。那么，倘若不从课程内容或知识点开始，我们可以如何开启一节课的学习？你可以尝试以下章节中提到的一些建议。

从一个问题开始

提问“是什么”和“为什么”是孩子认识世界的重要方式。我们在备课时也可以向自己提问，明确本节课的核心问题，或从答案或结论入手，引导学生自主提问。

» 学生可能会提出哪些问题？我应重点回答哪一类问题？

» 我希望学生提出哪些问题？我希望回答哪类问题？

» 学生是否能够针对我提出的问题进行横向思考？

» 这一问题是否过于宏大，学生难以理解？

» 有哪些学生可能会忽略的重要问题？

当你明确了本节课的核心问题，你就会更有逻辑地设计课堂教学的结构。你可以从学生最好奇的问题开始，通过一系列与之相关的问题将课程内容串联起来，而不是以大量枯燥无味的信息填充教学。

如果你的问题听上去很宏大，涉及不同的角度。你可以通过分组回答问题的方式在更短的时间内收集来自更多学生的想法，并在这一过程中让学生体验合作学习，学习如何简洁而清晰地阐述自己的观点。例如，“二战时期，英国面临的情况是怎样的？”这个问题可以从政府、学校、文化、经济、人民生活等多个角度作答。你可以让每个小组选择一个角度进行深入研究，在经过小组分析、讨论后给出答案。同时，没有标准答案的开放式问题（如“我们有可能建造一座太空电梯吗？为什么？”）能够激发学生创造性思维，展开对某一问题的横向思考。你可以尝试采用以下几种提问方式：

» 如果……会发生什么……
» 当……它是如何工作的……
» 你对……有什么看法……
» 我们采取怎样的措施，才能更容易地……
» 完成这个目标的方式有……
» 怎样才能做得更好？

从一个故事开始

故事不仅是一种富有创造性的表达形式，对于教学来说，其价值也是不可替代的。

» 每个人都在渴望一个好故事。

» 我们可以很容易想象自己身处故事的情境中，与故事产生共鸣。

» 故事能够帮助学生理解、记忆抽象的概念、知识点。

» 通过故事传递课程内容，能够弱化刻意教学的痕迹。

» 将故事融入教学的方式，适用于任何学科。

因此我们需要广泛地阅读，储备一个故事库。阅读的材料包括经典名著、儿童文学、绘本等。在选择故事时，你无须受限于其本身设定的适读年龄。经典的作品通常包含多层次的含义，你可以与学生在不同层次深度探索其意义。例如，朱莉娅·唐纳森（Julia Donaldson）和阿克塞尔·舍夫勒（Axel Scheffler）创作的绘本《小海螺和大鲸鱼》[①]（*The Snail and the Whale*）既可以作为自然科学课的阅读素材，与学生分享海洋保护相关的知识，也可以作为在文学课上与学生讨论勇气的概念的绝佳例证。

---

① 《小海螺和大鲸鱼》讲述了一知小海螺爬上大鲸鱼的尾巴，实现自己出海旅行的梦想，并在大鲸鱼不慎搁浅时，想办法救助朋友的故事。本书荣获2007年吉维尼奖最佳科学图画书奖等多个奖项。同时，由本书改编的短片于2019年上映，并获得2020年纽约国际儿童电影节最受观众欢迎短片奖。

从特定的活动或形式开始

挑战自己尝试以特定的，富有创造性的活动或形式开始一节课，当我们以独特的方式建立特定活动或形式与学习主题之间的联结时（如将故事板的表现形式融入讲述代数或人口增长概念的课程中），往往能够产生更多创意。

我们不必要求自己在一开始就想出完全合理或可行的想法，只需对各种可能性进行测评，直到发现有助于学生理解课程内容的活动或形式为止。以雕塑为例，你可以指导学生确定合适的比例尺，制作太阳系模型雕塑，这一活动为学生学习天文及数学知识提供了很好的契机。同时，将教学限制于特定的活动或形式，可以迫使我们扩展思考，创新该活动或形式的应用方式。

从游戏开始

富有游戏性的内容是激发创造力的核心，当我们玩转不同的想法时，我们才更有希望创作出富有新意的作品。当我们在备课时，可以问自己一个问题：我怎样才能让学生玩转这个概念或技能？回想我们在儿童时期玩耍的不同方式，思考是否可以以游戏的方式设计教学，你可以尝试：

» 在讲述地理坐标的概念时，提前将一些小物件藏在校园的角落，让学生根据坐标抵达不同的地点寻找宝藏。

» 利用玩具演示概念。例如，用不同大小的乐高积木阐释分数的概念。如果一块有8个点的乐高积木代表一个整数，提问学生，哪些积木可以代表该整数的二分之一、四分之一、八分之一？

» 利用歌曲、游戏视频等资源帮助学生学习语言。

从一个角色开始

不得不承认，有时我们所教授的课程与学生的现实生活是脱节的。因而，在与学生讨论一个新话题时，我们需要思考这一话题在哪些方面能够与学生已掌握的知识相关联？有哪些角色可以帮助我们更自然地引入问题？例如，在学习北美历史时，我可能会考虑在教学中扮演以下角色：

» 重要的历史人物，如马丁·路德·金（Martin Luther King, Jr.）。
» 美国著名的电视节目主持人。
» 负责北美路线的旅行社的工作人员。
» 一位正在英国旅游的美国游客。

你可以尝试以下方法将角色扮演融入课堂教学：

» 自己扮演某个角色，鼓励学生向你提问，从而了解你所扮演的角色。
» 以角色的身份给学生写一封信，提出一个挑战或希望学生思考的问题。
» 让学生扮演某个角色，并以角色的身份撰写日记，记录自己的生活。
» 与学生设计并拍摄与角色相关的电视节目或纪录片 。

亲身扮演一个角色，为我们从他者的角度思考，跳出刻板印象，培养同理心提供了契机，使我们能够在具体的情境中，体验他人的感受、生活。同时，为了更真实地呈现角色的特点，准确地表达自己对角色的理解，我们需要提前对角色进行深入的研究。

从一个目标开始

当你在进行富有艺术性的教学活动时，设置活动目标和约束条件至关重要。有明确目标和时间限制的课前活动可以作为课前的热身练习，锻炼学生快速思考的能力，设定目标和约束条件的活动可以是：

- 在3分钟内写作一个完整片段。
- 针对某一话题提出至少10种观点。
- 在一张限定大小的纸（如A6大小的纸张）上画出设计图。
- 用不超过20个字讲述自己的观点。
- 在30秒内完成每一个步骤。
- 保持安静、集中注意力，专注地学习10分钟。

从电视节目开始

了解学生喜爱的不同电视节目的类型和架构，达人秀、知识问答竞赛、游戏比赛，以及新闻节目等都可以成为很好的学习素材。同时，教学活动的设计也可以借鉴节目运作的方式。例如，你可以借鉴由英国广播公司首播的《英国家庭烘焙大赛》（*The Great British Bake Off*）[①]中“震撼挑战”环节的设计，在课程的最后为学生设置一个高难度的挑战。

---

① 《英国家庭烘焙大赛》（*The Great British Bake Off*）是一档烘焙西式点心、面包和糕饼的真人秀节目，收视屡创新高，曾获得英国电影和电视艺术学院电视奖最佳故事片奖。比赛方式为制作公司向全英国业余烘焙师招募参赛者，最后选出12名正式参赛者。评委根据选手在“特色挑战”（signature challenge）“技术挑战”（technical challenge）“震撼挑战”（showstopper challenge）三个环节的表现选出出“明星烘焙师”。

第二部分

具有艺术力的教师

第五章

演员

世界是个舞台，

所有人都只是演员；

各有其出场和入场，

每个人都会在他的时间里扮演许多角色。

——莎士比亚（Shakespeare）

《皆大欢喜》（*As You Like It*）

从本质上讲，教学是一种表演。我们以教师的身份站在学生面前，向他们呈现、传递信息，与学生共同完成教与学的过程。当我们进行课堂教学时，我们并不完全是“我们”，而是教师身份下的我们，因而我们很难兼顾学生的朋友或父母的角色，但在与学生合作学习的过程中我们的言行可以表现得像学生的朋友或父母。例如，有时我们需要温柔地给予学生安慰、鼓励；有时我们需要严厉地指出学生的问题，并监督他们改正。每个人会有感到疲惫的时刻，但演出必须继续，我们必须表现出对教学的热情。

然而，正如并非所有的娱乐都与明亮的灯光、快速移动的步伐及无休止的兴奋有关，就像哈罗德·品特（Harold Pinter）的戏剧，展现了静谧而单调的日常生活，但作品仍然带给我们许多乐趣和启发。作为教师，我们每天要面对30多位儿童观众，吸引他们参与课程学习，理解课程内容。虽然我们无法保证教学中的每一刻都是有趣的，但我们可以像演员一样，通过掌控声音、身体、动作，运用道具、服装、舞台布景等实现更好的教学。

声音的艺术

教师应当是专业的声音使用者，我们的声音有着极强的可塑性。你可以尝试录下自己的声音，并分析自己的嗓音：音色柔和还是强硬，音量较大还是较小，语速快还是慢，声音传达出的情绪是紧张的还是放松的？你认为自己的声音能吸引学生的注意力吗？当你讲话时，学生是否会专心聆听？

强调

阅读材料中的关键词承载了大量的信息，而文中其他词语的作用则是为了帮助关键词在具体的语境中表达其意义。我们需要找到一种方法，帮助学生识别并理解关键词。你可以通过以下方法强调关键词。例如，在遇到关键词时，刻意减缓语速或提高音量，或在关键词出现的位置设置短暂的停顿，为学生留出理解的时间。

“巴黎是法国的首都，请举手告诉我，你还知道哪些国家的首都？”请思考在这句话中，你想强调哪些部分？哪些部分可以轻声略过？你会使用怎样的语气？你想在哪里停顿？尝试根据学生的知识储备及理解方式灵活地调整课堂提问方式。

语气与情感

语气能够传递出我们的情感。如果你正在讲述的内容是悲伤的，你可能会使用伤感的语气；如果你希望引起学生的兴趣，你可能会使用好奇的语气；如果你正在对课程内容进行总结，你可能会使用意犹未尽的语气。同时，你也可以通过调整语气表达自己对学生的欣赏、关心、安慰、鼓励等。

在与学生沟通的过程中，我们应注意保持情绪的稳定。当你感到疲惫、有压力，或面对学生未按要求完成任务，以及教学时间十分有限，而学生依旧没有进入学习状态等场景时，你的声音中会很容易传递出愤怒的情绪。倘若在这样的场景中，你依旧能够以平和的语气传达明确的要求，则更能够使学生感受到我们相信他们能够在学习、行为管理等方面做得更好的期望。如果你在日常的教学中能够保持平和、稳定的语气，那么当你偶尔升高音调或提高音量时，学生会敏锐地觉察到，并及时审视自己的言行。

同时，我们也应注意语气与面部表情密切相关。一方面，我们正在使用的语气会改变我们的面部表情，另一方面我们此刻的面部表情也会影响我们说话时的语气。你可以尝试在镜子前观察自己用不同的语气讲话时面部表情的变化，并有意识地调整、训练自己的面部表情。

- 当你以好奇的语气表达时，你可能会不自觉地挑起眉毛。
- 当你以失望的语气表达时，你可能会微微皱眉，眯起眼睛。
- 当你以兴奋的语气表达时，你可能会睁大眼睛，扬起眉毛。

音高

音的高低是由声带的振动频率决定的，声带振动的频率越快，音高越高。歌手会根据演唱的需要变换使用高音、低音。同样，你也可以通过变换音高调整表达方式。如果你希望降低音高，可以尝试想象一个音阶，将你的发声点瞄准该音阶的低点，不要将声音推到头顶上方，而是尽可能集中在下巴下方。低音会带给人平静、放松的感觉，而高音则能够帮助你营造更活跃的教学气氛。你可以尝试在颈部和喉咙放松的状态下变换音高，并观察学生对不同音高的反应。

语速

你可以根据具体的教学场景和课程内容变换不同的语速，从而提高学生的课堂参与度。例如，你可以尝试放缓语速，从而给予学生更多的时间，加深对内容的理解，或通过加快语速表达你对正在讲述内容的热爱，调动学生的学习积极性。

音量

我们应保证教室里的每位学生清楚地听到自己说的每一句话。你可以借鉴演员的发声技巧，将你的发声方向聚焦在教室后方，像扔出一个实物一样，有力地抛出每一个音，而不是通过向前推动下巴的方式提高音量，因为这样的姿势会挤压喉咙，阻碍气息的流动。有时，你也可以尝试降低音量，并观察学生的反应。我们常常会见到这样的场景，教师身体微微前倾，用较低的音量，缓慢的语速讲述一个故事，而此时，每个孩子都全神贯注，沉浸于故事之中。

重复

当我们在影院看电影时，会因为错过或没有理解演员所说的一句台词而感到可惜，并提醒自己在后面的观影中专注聆听每一句台词。而在课堂教学中，如果学生没有理解我们讲述的内容，我们有机会重复讲述，或换另一种方式重新阐释。当然，多次重复讲述是非常令人沮丧的，你可以尝试尽可能在第一次讲述时，为学生呈现清晰的结构和多元的理解角度，并要求学生复述所学内容，评估他们的理解程度。

同时，为避免无效重复，你也可以选择适当的停顿。例如，你正在讲述某一关键内容，但学生此刻并没有专注于听讲。你可以选暂停一段时间，在学生的注意力集中后，重新讲述这一部分内容。

关注肢体语言

在课堂教学中，学生不仅会专注于倾听你讲述的内容，他们的视觉焦点会落在你的面部表情及身体动作上，你的体态、举止、表情同样传递着许多信息，为了与学生建立更深层的联结，营造积极的学习环境，你可以在与学生相处时尝试：

- 通过调整体态，向学生展现自信的气质。
- 使用肢体语言（如点头、轻抚肩膀）给予学生反馈。
- 在与学生交谈时，尽量俯下身或蹲下来，身体微微靠近他们，视线与他们齐平，这会让学生放松下来，并感受到你非常乐于与他们沟通。

富有表现力的面部表情

学生作为你的教学观众比剧院里的观众更容易注意到你的面部表情，这也包括你潜意识表现出的神情。而在所有的面部表情中，眼神传递出的信息是最为丰富而直接的，眼神交流能够帮助我们与学生建立强联结，你可以尝试：

» 用眼神扫视整个教室，关注每一个学生当下的状态。

» 走近正在回答问题的学生，与学生保持眼神交流。

» 微微皱眉（表示困惑或好奇），示意学生更具体地阐释观点。

选择角色

我们每个人在一生中会扮演不同的角色，我与我的母亲、爱人、孩子和朋友们在一起时的状态，以及表现出的个性都不尽相同。同样地，在与学生相处时，我们应敏感地察觉到学生的需求，根据学生的需求及状态调整自己的角色。有时，你可能是严格的老师，传达明确的要求、规则，指出学生的问题。而有时，你可能是温柔的老师，给予学生关心、鼓励。无论你决定以什么样的角色进行教学或管理课堂，你的角色都需要具备以下几个关键属性：

- 明确性：明确你对学生的学习态度及行为的期待与要求。
- 适应性：严格的方法对一个安静、内向、易紧张的孩子的影响与对一个自信、外向、富有挑战性的孩子的影响是不同的，尽可能让每个孩子接纳你的角色。
- 灵活性：你的角色应能适应当下不断变化的环境。不要将自己困于一个固定的角色中。
- 可持续性：你需要让自己扮演的角色长期存在。如果你的角色需要一直大声说话，那么最终你的嗓音可能会受损。因此，谨慎地选择你的角色，并根据实际教学场景及时做出调整。

具有艺术力的教育者可以扮演不同的角色，以支持教学。有时，为了不同的目的，如建立学生的自信心，提高学生的专注度与学习积极性，你需要从一个角色切换到另一个角色。例如，你可以是：

- 》给予学生支持的朋友。理解、帮助学生解决学习中遇到的困难。
- 》热情的共同学习者。学生时常会对自己感兴趣的知识充满热情，表现出对新知的好奇与兴奋，迫不及待地与我们分享自己的收获，而我们也会被学生对知识探索欲与学习热情所感染。
- 》私人教练。当学生缺乏动力时，为他们设定目标，帮助他们找到最佳的学习状态，鼓励学生朝着目标持续努力。学习是一段曲折而漫长的旅程，它更像是一场马拉松，而非短跑竞赛。
- 》安慰者。承认、理解学生的情绪。当学生心情低落时，耐心地给予他们安慰，帮助他们将消极情绪转化为积极情绪。

即兴教学的时刻

演员面临的困难之一，是需要让自己时刻对表演内容保持新鲜感，即使这已经是同一场景的第五十次拍摄，即使同样的台词已重复许多遍，导演仍会要求演员再尝试一种新的表演方式，重新演绎这一场戏。教师面临着类似的问题，在你积累了几年的教学经验后，面对较少变化的课程内容，教学的新鲜感和兴奋感会逐渐减弱。正如演员会在表演中融入未写在剧本中的即兴表演，你也可以在以下场景尝试即兴教学：

» 学生对课程内容进行横向提问时。

» 学生提出了一个你无法立刻回答的好问题时。

» 学生难以集中注意力，或对课程的内容不感兴趣，感到无聊，分心时。

课堂教学不会完全按照计划进行，我们应时刻保持开放的心态，当问题突然出现阻碍教学时，尝试即兴教学或富有实验性的教学方法。

通过表演学习

当我们在看电影时，虽然知道电影中的人物和剧情是虚构的，但我们依旧会沉浸其中，把它当作真实发生的故事。学生同样能够通过虚构的故事或情境学习，越是低年级的学生越容易相信你创设的学习情境，将虚构的故事当作真实发生的事件，并进行深入研究。

在读写课，你可以尝试：

» 假装收到校长的一封信，征求学生们对学校是否应该取消校服的意见。要求学生对这一问题展开辩论，并给校长写一封回信，阐述学校应保留或取消校服的原因。

在地理课，你可以尝试：

» 作为一名雨林探险家，向全班同学发出雨林遭到破坏的紧急警告。要求学生搜集资料，研究雨林被破坏的程度及对野生动物的影响，并撰写雨林保护计划。

在科学课，你可以尝试：

» 作为一名海洋生物学家，与学生讨论塑料对海洋生物及人类造成的潜在危害，以及对海洋生态系统的影响。

在数学课，你可以尝试：

» 假装自己收到来自巧克力工厂的威利·旺卡（Willy Wonka）的一封信。在信中，威利邀请学生设计一个新的巧克力棒配方。通过计算巧克力棒的正确原料配比，学生可练习数学课程中的比例运算。

第六章

剧作家

这场戏很重要，我要用它唤醒国王的愧疚心。

——莎士比亚（Shakespeare）

《哈姆雷特》（*Hamlet*）

我们积累的教学经验越丰富，教学这件事对我们而言就会越容易。其中一个原因是我们的头脑中已经形成了一套相对固定的教学脚本，我们已经知道自己应该怎样说、怎样做才能够帮助学生理解课程内容，因此不必在如何阐释内容等基础教学方面花费大量的时间。

然而，这并不意味着教学脚本适合所有的教师。教学的成功（或失败）很大一部分取决于教师在特定时间、环境与学生的互动。无论一节课的脚本设计得多么细致，教师针对学生的具体表现做出及时的反馈都至关重要。我们需要认识到，自己不是课堂上唯一有想法的人，我们需要了解学生在想什么，他们的理解、表达方式是什么。课堂上每个人的想法和言行都是无法预料的，我们不能因为脚本的存在忽视在场的思考。

对于我而言，我习惯将过去常用的模板、结构、素材融入教学脚本中，但在实际的课堂教学中我依旧会围绕主题进行即兴教学，在课程中加入新鲜的元素。我对教学脚本所做的调整是基于对学生原有知识储备的了解，同时也来自对教学现场发生的事情的直觉感受。例如，我可能会调整课程中使用的故事、案例、课外教学资源，以及每个环节分配的时间等。

剧本的结构和时间线

教学设计与戏剧创作一样，遵循着一定的结构和时间线。例如，剧作家会首先设计几个平静的片段作为铺垫，然后进入一场节奏紧张的戏，紧接着会迎来故事的高潮或结局。我们也可以通过调整课堂教学的结构和时间线，尝试不同的教学效果：

» 将本节课的教学内容视作一场戏剧。那么它是喜剧，还是悲剧？你将如何创设教学情境？

» 选择学生扮演不同的角色参与表演。思考不同性格的学生适合扮演的角色。

» 在设计学习活动时，思考哪一个环节的节奏是较为紧张的？何时需要学生从快节奏的兴奋状态中平静下来，进入相对慢节奏的学习环节。

» 预设在学习活动的不同阶段可能出现的噪声，以及噪声可能对学生学习进度产生的影响。

» 思考你将如何在课堂使用道具（或资源）？如何使教学过程的每个环节自然地衔接？

» 将课程内容具象可视化，绘制课程的思维导图。

» 构思每节课的高潮点在哪里，应以怎样的方式总结本节课的学习内容。

阐述与示例

学生真正理解的信息与我们传递的信息之间存在巨大的差距。我们并不知道学生的大脑在想些什么。他们可能看起来听懂了，但实际上可能根本不知道我们在说什么。每当我把一个语言片段和另一个语言片段联系起来时，我必须首先确定学生理解其中的一个片段。例如，当我说“隐喻是一种比喻方式”时，我必须首先确定学生理解“比喻”的概念，进而阐释“隐喻”的概念。

戏剧通过一系列的事件、动作表现主题，而帮助学生理解的最好方法之一就是使用具体的例子，在阐释抽象的概念时，你需要找出帮助学生理解的案例。以阐释“隐喻”的概念为例，“隐喻”是一个较难理解的概念，它并不是说某物像另一个事物，而是说它就是另一个事物，为了使阐释更生动，你可以尝试以下方法进行示例：

- 展示实物，帮助学生理解概念。例如，向学生展示一本书，分析“他的一生是一本打开的书”这一隐喻，提问学生，人生与书籍有哪些共同特征。
- 列举学生能够自我代入的例子。例如，在理解“我的心因喜悦而飞翔”这句话时，让学生想象自己的心像小鸟一样在天空飞翔，讨论作者希望表达的感受，以及作者如何通过使用隐喻在读者脑海中创造出一幅生动的图景。

» 将抽象的概念以可视化的方式呈现。例如，让学生画出对“世界是一个舞台”这句话的理解，并讨论“世界是一个舞台”作为一个绘画作品如何与其他领域建立关联。

通过剧本学习

由于戏剧的情节、主题需要依靠大量的人物对话和独白来体现，因而对于以发展语言应用能力为核心学习内容的学科来说，剧本是非常好的设置对话场的素材。

在外语课，你可以尝试：

- 让学生以不同地点（如咖啡馆、火车站、酒店等）为背景编写迷你剧本。
- 翻译戏剧剧本，与学生讨论戏剧翻译的特点，关注文本中口语化语言的翻译。

在读写课，你可以尝试：

- 让学生将故事改写为剧本，使用对话而非叙事的方式描述情节。
- 将戏剧中的对话转换为叙事，使学生了解在对话与叙事两种表达形式中不同的标点符号使用方法，练习语音标记。
- 让学生设计广播节目的脚本，制作采访和广告并录制下来。学生可以采访故事中的人物，或在节目中引用书中的内容。
- 让学生为一场足球赛或其他体育赛事撰写广播评论的脚本，思考如何为听众营造身临其境的真实感，帮助听众想象现场的画面。
- 让学生们围成一个大圈进行剧本围读，当读到关键人物、事件时，学生轮流走到圈内，完成相应的对话或动作，每个学生都能参与其中，很快圆圈内就会形成一个小型的舞台。

在历史课，你可以尝试：

» 分析历史上的重要演讲，与学生讨论我们可以从演讲稿中提取哪些有价值的历史信息。例如，马丁·路德·金于1963年在华盛顿发表的演讲《我有一个梦想》（*I Have a Dream*）。
» 根据历史中的某一时刻编写一段简短的剧本对话。例如，第一次世界大战期间，身处战壕中两名士兵之间的对话。启发学生思考，士兵在战壕中会看到什么？他们会如何描述自己的战争经历？

第七章

电影导演

创作电影给予我们体验不同人生的机会。

——罗伯特·奥尔特曼（Robert Altman）

一部伟大的电影作品往往具有启发心智、震撼人心的力量，它能够跨越文化界限，吸引全世界的观众。一部伟大的电影作品仅有一个好的剧本是远远不够的，它需要导演、演员、摄像师等多方的付出才能将剧本讲述的故事搬上银幕。而作为教师，我们的工作核心是与学生合作，讲述教与学的故事。学生既是课堂教学的参与者，也是观众。我们应像导演一样，懂得如何让学生融入课堂学习，点燃学生对课程内容的好奇，让他们对每一节课都充满期待。

如何在30秒内说出关键点

想象你是一个有抱负的电影导演，有一天，你走进电梯，恰好碰到一位资深的电影制片人，你是否有足够的信心和能力在你们共处电梯的30秒内讲述电影的核心，并说服他投资你的作品。作为教师，我们也会遇到与电梯游说（elevator pitch）相似的场景。例如，在30秒内清楚地讲述一节课的核心内容。

把大量的学习内容塞进一节课太容易了，我们希望学生在一小时内学会做X、理解Y、构思Z。而现实是，这样的做法会弱化我们的核心教学目标。你可以尝试在30秒内抓住以下几个关键点：

» 本节课的学习目标或计划。
» 通过本节课的学习，学生需要回答或解决的一个核心问题。
» 评价的标准。在本节课结束时，学生应掌握哪些新的知识，或能够完成什么任务。
» 本节课的学习总结。

可视觉化教学

在上课之前，我们需要预估课堂教学可能达成的结果，如果我们预想到结果可能会很糟糕，我们需要知道如何做出适当的调整。正如电影导演会在实际拍摄前以故事板（storyboard）的方式说明影像的构成一样，我们也要提前思考用这些时间，做这些事情，会发生什么？学生会有怎样的反应？学会在脑海中“观看”自己的课堂教学。例如，你可以尝试：

» 想象自己在介绍课程时的场景。你要说些什么？要花多长时间？如何吸引学生参与课堂学习？

» 假设自己是学生，思考你在课上会有怎样的感受？在学习这个主题时，你会因为某些原因而紧张吗？你对这个主题感兴趣吗？你曾了解过哪些背景知识？

» 回想电影的开场设计，借鉴导演的拍摄技巧，以富有创造性的方式开启教学。

　› 从创造氛围开始：观众在片头首先听到的是一段低沉的背景音乐，接着画面中出现昏暗的灯光、一个物体的特写镜头。

　› 从一个惊喜开始：导演首先告诉观众一个令人兴奋的消息，或展现一段不完整的情节，让观众迫不及待地想要知道后面会发生的故事。

　› 直接进入高潮：影片从一个紧张、刺激的镜头开始，导演直接将观众抛入故事之中。

创造戏剧张力

一个好的故事应包含足够的戏剧张力，能够吸引观众一直看下去，时刻渴望知道接下来会发生什么，例如以下电影中的情节设计：

» 汽车上装有一枚炸弹，如果车速低于每小时50英里（约80.47千米），炸弹就会爆炸。情节取自电影《生死时速》（*Speed, 1994*）。
» 大海中有一条鲨鱼正尾随你前行，它决心摧毁你的船，吃掉你，这是一场人类与自然之间的战斗。情节取自电影《大白鲨》（*Jaws, 1975*）。
» 一栋高层建筑发生了严重的火灾，人们被困在里面。情节取自电影《火烧摩天楼》（*The Towering Inferno, 1974*）。
» 一位猎人遭到熊的袭击，伤势严重，而他必须穿越数百公里的荒野，为被杀的儿子报仇。情节取自电影《荒野猎人》（*The Revenant, 2015*）。

同样地，你可以在课堂教学中发挥戏剧的张力，吸引学生的注意力。例如，你可以尝试创设情境，向学生提问：

» 假设你是丛林探险队的一员。你发现一只困在树上的受伤的小动物，你会如何救助它？如果它具有攻击性，你又会怎么做？
» 假设你是一名科学家。一颗彗星正快速地接近地球，你能想出哪些拯救地球的方法?

» 假设你是一名警员。教室遭到了破坏，你认为谁最有可能闯入了教室?他打翻抽屉是为了寻找什么?嫌疑人现在可能在哪里?

戏剧张力带来的个体情绪上的紧张感，以及精神高度集中的状态也可以来自个体内在的竞争意识。尤其是当你鼓励学生进行自我竞争，超越自己曾取得的成绩，而非进行同伴间的竞争时，往往能够激发学生更强大的内在动力。

保持专注

电影通常以扣人心弦的情节吸引观众的注意力，让观众对将要发生的故事时刻充满好奇。同样，在一节课的开始，我们可以通过设置悬念，激发学生对课程内容的兴趣与探索欲，让他们产生“我真的很想参与其中！”的内在学习动机，专注于学习。例如，你可以尝试：

- 做一些让学生感到惊讶、困惑、出乎意料的事情，吸引学生参与课堂学习。
- 在开始学习新的内容前，告诉学生“接下来我们要一起探究一个问题，揭开一个秘密”。
- 向学生展示与学习主题相关的实物、道具、模型等，在课堂教学中融入实验或实践活动。

通过电影学习

电影本身是极好的学习资源，无论是与学生一起观看与你们正在学习的主题相关的纪录片，还是一个经典的电影片段，都能够激发学生产生新的思考和灵感。你可以从人物塑造、电影语言、故事情节设计、音效等方面与学生展开讨论。同时，电影具有时代性，它可以帮助我们深入了解其拍摄时期的历史。

在读写课，你可以尝试：

» 让学生在无声音、无字幕的设定下观看电影画面，为角色编写对话的台词，或为角色配音，阐释自己对台词设计及配音的思考，并讨论面部表情在沟通中发挥的作用。
» 观看不同国家、地区的节目片段，与学生讨论生活在不同国家、地区的人们的语言使用习惯。
» 以改编自莎士比亚戏剧的电影为例，与学生讨论如何将文字的叙述转化为银幕上的画面。
» 使用绿幕技术拍摄学生编写的故事，为故事添加数字背景。

在地理课，你可以尝试：

» 观看有关环境灾害的纪录片，如“埃克森·瓦尔迪兹”号油轮漏油事故（Exxon Valdez oil spill），为正在学习的有关环境主题的课程内容编写电影剧本。

» 评论电影中再现的自然灾害片段。例如，《天地大冲撞》（*Deep Impact, 1998*）、《海啸奇迹》（*The Impossible, 2012*）和《末日崩塌》（*San Andreas, 2015*）中的海啸镜头呈现是否符合真实海啸的特征？

在历史课，你可以尝试：

» 与学生以影像的形式再现某一重要的历史事件，广泛地搜集与事件相关的历史资料，包括人物访谈、演讲，事件相关的报道、照片、物证等。

另一个值得尝试的做法，是拍摄自己课堂教学的过程，这种方法尤其适用于包含实践操作的课程。例如，在讲解科学实验的步骤时，可以让学生一边操作一边观看视频，倘若学生在实践过程中遇到操作问题，可自主回看视频。你也可以将视频上传至线上教学平台，支持学生在课前或课后反复观看视频。

第八章

布景设计师

> 有些地方本身就在诉说着故事。潮湿的花园大声呼喊着谋杀；破旧的老房子里飘荡着幽灵；静谧的海岸是为沉船设定的。
>
> ——罗伯特·路易斯·史蒂文森（Robert Louis Stevenson）

我们的教学空间可以是教室、实验室、工作室、舞蹈，或戏剧排练室、运动场、录音棚、演讲厅等，虽然我们在教学空间的物理结构方面无法做出太多的改变，但我们可以改变教学环境。对于教师来说，思考空间环境对学习的影响是很重要的。例如，学生在这样的环境中学习会感到轻松、快乐吗？你是否可以在不干扰任何一位同学的前提下，自由地在教室里走动？应如何充分利用有限的教学空间？

当我们来到一个新的教学空间时，通常会带着发现的眼睛观察它，似乎空间里的一切都被我们掌控。而过了一段时间后，当你熟悉了教室的每一个角落，便会失去失去设计空间的动力。这就是为什么在新学期开始，或是我们刚刚进入一个新环境时，应抓住机会真正感受一下这个空间，思考可以如何更好地利用整个空间？哪些区域需要进行重新设计或改造，在短暂的适应期后，你也可以再次评估教学空间的利用情况。

- 了解教学空间的结构图，检查空间中是否存在阻碍教学的障碍（如妨碍学生视线的柱子或糟糕的隔音效果）。
- 思考你将如何克服这些障碍，若障碍很难被消除，你将如何做出调整。例如，我曾在一个传声效果很差的教室里工作，为了扩大讲课的音量，我选择使用音响设备帮助扩音。
- 检查教室内教学家具的摆放位置，哪些教学家具是固定的，哪些是可以移动的？
- 根据具体的教学活动的需要，尝试不同的座位排列方式。例如，分组式、条形或U形。座位的排列方式在一定程度上能够影响实际的教学效果的决定——将座位按照条形排列一般会比分组排列占据更多的空间，但我们必须做出选择。如果你想让学生分组工作，你需要采用分组式的座位排列方式，保证他们能够一起交谈、学习。如果希望所有学生都面向讲台，则需要使用条形的座位排列方式。
- 考虑是否需要制定排位计划，或按照不同的学习主题进行分组。确保每位学生（包括有特殊视觉和听觉需求的学生）都能看到你、听到你的声音。考虑你的排位或分组计划可能对学生的行为和包容性教学产生的影响。
- 当你逐渐适应了当下教学环境，可以尝试坐在不同的学生座位上，体会以学生的角度环顾教学空间的感受，这样你就能观察到自己曾忽视，但需要做出调整的地方。

» 在课前调整学生座位及其他教学家具的位置，使教学空间的布景适应将要开展的教学活动。

扩展教学空间

在剧院中，有各种不同的舞台布局。许多剧院都有拱形舞台（幕布悬挂在高台之上）。在我们的教室或阶梯教室中，讲台通常固定在黑板的前方，而我们的教学空间大多集中于教室的前方。其实，你可以利用的教学空间不仅限于讲台。你可以在教室内铺设两块地毯。一块放置在交互式白板前，另一块放置在故事角。当你在讲课或朗读故事时，可以允许学生以轻松、随意的姿势坐在地毯区，这样也有助于提升学生的学习专注度。布置教室"舞台"的方式有很多，你可以在教室中央设置一块区域，周围的座位呈"U"字形排列，即教学区位于教室中央，学生环坐四周。这样的空间布局与观众区环绕在演员表演区的圆形剧场十分相近。

打造个性化的教学空间

当我们来到一个新的教学环境时，很重要的一点是要将这个空间进行个性化设计。虽然有的时候我们被迫从一个教室搬到另一个教室，无法自主选择教室，但我们可以将自己常用的一些教学素材、教学家具固定下来，将它们布置在新的教室，打造属于个性化的教学空间。在新学期学生进入新教室前，你可以尝试：

- 增加个性化的设计或装饰。例如，在墙壁上设置一块白板，学生可以将自己小时候的照片贴在上面，或者在窗台上放一盆自己喜欢的植物。
- 在你的办公区域设置一个名牌，除了姓名外，还可以在上面写下你的个性签名，最想与学生分享的一句话，或欢迎学生来办公室交流问题的邀请。
- 清除上一届学生在墙壁上留下的展示材料，并重新安放一块崭新的空白画布。

无论你想如何布置教室，在室内设置一个独立的“安静区”至关重要。当你希望学生安静下来，将注意力集中到你身上时，便站在安静区。你可以在教室的地板上放置一块圆形的地毯，作为安静区的标志，也可以通过站在某一固定位置让学生形成视觉习惯，创设一个隐性的安静区。

课桌的多种用途

我们使用课桌等教学家具的方式，同样能够改变教室的空间布局。你可以将所有课桌搬到教室的一侧，从而在教室中间留出足够的空间支持学生进行戏剧表演，亦或是为了组织学生辩论，将桌子排成U形。通过横向思考，我们可以设计出多种课桌的使用方法。

- 将课桌当作学习、表演的道具。例如，在表演战争主题的戏剧时，课桌翻转过来当作路障。
- 允许学生用可水洗的白板笔直接在课桌上写字，你可以先做一个测试，确保笔迹可以被擦拭干净。
- 如果教室内的空间足够大的话，把每一个张课桌分开，为学生提供独立学习、完成任务的空间。

改变空间布景

有时我们有机会彻底改变整个教学空间。尤其是在学期末，或者某一特定主题教学开始的时候，需要将学生的注意力转移到“其他地方”。例如，在低年级学生的教室里设置角色扮演区，例如一家商店、咖啡馆、旅行社等，创设激发学生讨论、思考的场景。而在高年级学生的教室，你可以根据剧本中的描述布置一个场景，或通过展示某一特定历史时期的物件，如艺术复制品、服装等，增加历史场景的真实感，为学生创设身临其境的学习体验。

除了以上场景，对于孩子来说，独立于成人世界的一个相对封闭的空间同样具有不可思议的吸引力。你可以尝试采用教室内已有的材料或户外自然材料与学生构建一个相对封闭的空间，或搭建不同结构的室内及户外洞穴。

室内洞穴

教室里的课桌是搭建室内洞穴的合适材料，再加上一些床单或防水布，以及绳子、钉子等固定装置，你就有了一套完美的室内洞穴材料。你或许认为，室内洞穴是为低年级的学生而设。其实，对于高年级的学生来说，你也可以利用课桌构建一个相对封闭的空间。例如，一位文学课的老师曾用深色的布料覆盖学生们的整张课桌，然后让孩子们坐在课桌下面，借助手电筒的光阅读战争主题的诗歌，与此同时，他会随机地轻击桌面，模拟不可预知的炸弹爆炸的声音。同时，一位历史老师与我分享，他曾把课桌排成一排，让孩子们在课桌下爬过，体会煤矿工人在矿井下工作的感受。这些都是通过布景设计，加强学生对所学内容理解、感受的案例。

户外洞穴

户外洞穴的搭建材料大部分来源于自然。如果你的学校里有一个花园，那么你可以收集树枝等材料用于搭建洞穴。白蜡树一直是搭建洞穴的极佳的材料。与其他阔叶树木相比，白蜡树能不断长出笔直的新枝，而且没有刺。倘若你的校园里没有白蜡树，榛树或柳树也是比较好的选择。

高大的灌木丛也是搭建洞穴的绝佳材料。我所在的学校花园里有一丛丛的芒草，它们的根茎高大、支撑性强，叶片呈线形，柱头呈羽状，非常适合搭建帐篷式的洞穴。而在洞穴倒塌后，你可以重新把芒草收集起来，切成小块，搭建一个昆虫观察平台（芒草的茎是中空的，昆虫很喜欢藏在里面）。如果你有足够的空间，也可以尝试与学生搭建一个拥有稳定结构的洞穴。首先，将一些柳枝插进土里，搭建好基础结构，然后用柳条在洞穴的周围编织一个围栏。

设计创意活动空间

学生在游戏时间更容易发挥想象力与创造力，同时也更容易发生危险。因而，我们应尽可能为孩子们设计独立、安全的活动空间，让他们在游戏时间尽情地探索，将精力、注意力集中在富有创造性的事情上。例如，在赫特福德郡的沃克瑟姆学校（Wroxham School）的操场上，停放着一辆废弃的双层巴士，学校将其改造为适合学生玩耍、学习的空间。米尔顿·霍尔小学（Milton Hall Primary School）购买了一架私人飞机，并将其改造为教室，正如《小空间大改造》（*George Clarke's Amazing Spaces*）节目中所展现的，仅需一点创造力，你就能为学生的游戏时间设计出富有启发性的学习场景。让孩子们在独立、安全的活动空间自主创作，他们的表现可能会让你大吃一惊。

通过布景设计学习

除了对教室内的布景进行设计，例如在室内创建一个更小的空间（室内洞穴），你也可以通过制作模型创设一个场景，帮助学生在可操控的范围内，再现抽象的课程内容或想法。

在读写课，你可以尝试：

» 根据故事内容创建一个房间、一个场景。例如，在一个鞋盒的空间里再现迈克尔·莫波格（Michael Morpurgo）的《健介的王国》（*Kensuke's Kingdom*）中描绘的岛屿。

» 根据《麦克白》（*Macbeth*）第三幕第四场中描述宴会的场景布置教室。让学生按照自己扮演的角色就坐，表演班柯的鬼魂出现的那一场戏。

» 在你讲述恐怖故事的时候，可以在教室的窗户上贴上黑色的卡纸，然后调暗灯光，如果是在有专业灯光配置的戏剧工作室，你可以使用绿色的凝胶，营造恐怖的气氛。

在科学课，你可以尝试：

» 将教室改造为一间实验室。你穿着白色的实验服，告诉学生，有人投诉当地的一家炸鱼薯条店为顾客提供被稀释的醋，请学生对来自这家炸鱼薯条店的醋的样品进行检测，并根据实验结果，撰写一份实验报告。

在地理课，你可以尝试：

» 将教室改造为一架飞机的客舱，所有的课桌和座位按照机舱内座位的排列方式进行排列。告知学生此次航班的目的地为你们这节课要学习的国家，在模拟飞行的过程中，请学生搜集、了解有关这个国家的信息。例如，这个国家的气候特点、人们的生活方式、着装，当地的手工艺品等。在飞机着陆时，描述当地气候带给你的感受，以及你可能看到的景象。

在艺术课，你可以尝试：

» 将二维绘画作品转化为三维艺术作品。例如，学生可以根据梵高的《在阿尔勒的卧室》，设计一个立体的卧室模型。

在外语课，你可以尝试：

» 模拟不同国家、地区的生活场景。例如，将教室改造为一家德国超市，其中出售的所有产品的标签均以德语书写。
» 将教室改造为一个典型的法国集市，学生可运用新学的法语词汇购买牛角包、法棍、水果等商品。注意，你应该坚持这样一条活动规则，即学生只有在掌握所学的词汇后，才能进入你创设的集市。

在戏剧课，你可以尝试：

» 将纸盒设计为一个迷你剧场，学生可以制作一些手指木偶在迷你剧场中完成一场表演，或演绎你们曾读过的故事。

第九章

道具师

严格地说，创作是收集、保存在记忆中的图像的组合，没有作品是建立在一片空白之上的。没有材料的人，无法创造出任何组合。

——乔舒亚·雷诺兹爵士（Sir Joshua Reynolds）

每当我在教学实践中使用教学用具时，都会联想到舞台表演的道具。我们在课堂上使用教学工具的目的有很多。例如，呈现资料、阐释概念、说明教学要点、增强视觉效果等。同时，学生利用各种工具进行实践操作，帮助他们掌握方法、培养技能、理解概念或表达自己的观点。

我最喜欢的教具之一，是一个巨大的黄色沙盘时钟。我常常在进行小组活动时，用它计时，但它的用途不止于此，你也可以用它向学生展示浪费的时间，即当你暂停讲课，等待学生的注意力重新回到课堂时，把计时器打开，放在一边，计算学生在课堂上浪费的时间。然后，在本节课结束时，告诉学生，他们需要弥补这些浪费的时间。

将实物展示融入教学

周围的环境中，到处都有学习的机会。一卷粘胶带、一个空白信封、一个包装袋都可以作为潜在的学习资源。当你在课堂教学中尝试以不同的方式利用实物，真实地演示某一抽象的概念，或进行独立创作时，不仅向学生展现了创造性思维的力量，同时也给予学生动手操作实物、道具或模型的机会，获得多感官的学习体验，以鸡蛋为例：

» 你可以组织“保护鸡蛋”活动，让学生在一天的时间里，保护鸡蛋，防止其被打破。

» 让学生利用鸡蛋，制作手工艺品。在鸡蛋的顶部和底部扎一个小孔，将蛋液倒出，利用蛋壳制作复活节彩蛋，或在蛋壳上作画。

» 你可以利用鸡蛋进行实验。首先，将鸡蛋握在手中，用五指以均匀的力挤压鸡蛋，鸡蛋并没有破裂。接着，握住鸡蛋的顶部和底部，再次挤压，鸡蛋仍不会破裂。最后，将鸡蛋底部放置在桌子上，仅在鸡蛋的顶部施加向下的力，鸡蛋最终裂开，以此向学生讲述力、强度等物理概念。

富有艺术性的主题课桌

主题课桌是许多小学教室的固定设备。当我们学习某一特定主题时，学生可以将与该主题相关的物件、书籍、手工艺品等其他材料摆放在主题课桌上，作为课堂学习内容的持续记录，支持学生进行分享、讨论。例如，在学习地质学知识时，在主题课桌上摆放不同岩石的样本，或者在了解一位作家时，摆放这位作家写作的所有书籍。当你想创建一个主题课桌时，你可以尝试：

» 把主题课桌放置在一个固定的位置，最好以一面空白的墙作为背景，学生可以在背景墙上贴上展示的案例，或写下关键词及问题，主题课桌与背景墙相连，从而延展材料或资源展示的空间，激发学生对主题进行深度思考。

» 根据学习的主题，选择合适的材料覆盖课桌。例如，可以在课桌上呈现你们正在学习的太空主题的内容：铺一块深色的布，代表夜空，然后在上面撒上闪亮的星星贴纸。你也可以将一张面积较大的白纸作为桌布，让学生在纸上画出与主题相匹配的图案，或写下带给他们启发的句子。

» 在图书馆查阅所有有关该主题的书籍，以跨学科的方式进行思考。例如，在关于第二次世界大战的历史主题课桌上添加战争题材的诗集。

» 在学习有关不同国家的主题时，询问学生或学生的家长是否去过这些国家？能否请他们将来自这些国家的地图、门票、明信片、纪念品，或当地货币等带来学校，用来丰富主题课桌呈现的内容。

» 将主题课桌设计为持续更新的参考资料库，学生可以从中获取所需的信息，而不是仅仅将其视为一个静态的展示台。

» 在主题课桌上添加可播放不同音效的音响设备，为学生创设多感官的学习体验。

» 将学生的学习样本添加到主题课桌中，并在完成该主题的学习后，与参观者分享你们收集的有关该主题的研究材料。

你也可以向教师中心，或当地的博物馆、艺术画廊的工作人员寻求帮助，询问是否可以向他们借阅有关该主题的文字、图片或实物资料，许多博物馆或画廊为学校提供临时的展品借阅服务。

好奇柜

孩子天生具有收集的欲望。他们会从海滩上收集贝壳，或羽毛、骷髅叶、不寻常的种子等，然后将它们装进口袋（或洗衣机）收集起来。你可以在教室里安置一个好奇柜①，用于保存、展示学生收集的有趣而新奇的小物件。好奇柜应放置在学生可接近的地方，并配有安全玻璃，保证收藏的物件清晰可见。

除了好奇柜，你还可以用一个叠在一起的纸板箱在教室内搭建一个临时的“博物馆”。请记住，博物馆不一定仅展示与历史、地理或科学领域有关的物件，它包含多种分类。例如，你可以创建一个图形博物馆（展示多样的二维及三维图形），或书籍博物馆（展示学生最喜欢的书籍）等。

① 好奇柜（cabinet of curiosities），欧洲文艺复兴时期用于保存、展示个人收藏的固定空间。藏品涵盖生物、地质、考古、宗教、艺术等多个领域，包含自然标本、工艺品、科学仪器等物件。好奇柜体现了收藏者对世界的好奇心和探索欲，它不仅用于收藏，在科学观察和学术研究方面同样发挥着极为重要的作用，被视为现代博物馆的前身。

纸盒的多种用途

纸盒的用途，取决于它的大小，以及你希望借助纸盒这一工具开展的学习活动。尽可能发挥想象力挖掘纸盒多用的可能性，思考我能用纸盒在教室里做什么？学生可以利用纸盒创造什么？让学生自主开发纸盒的用途，他们的创意很可能会让你大吃一惊。萨姆·祖帕尔迪（Sam Zuppardi）曾创作过一本可爱的图画书《乌有盒子》（*The Nowhere Box*），书中讲述了一个小男孩为远离两个弟弟的干扰，钻进洗衣机包装纸盒，进入自己想象中的世界的故事。

我能用小纸盒做什么？

» 将小纸盒设计为故事盒。首先，请学生为故事中的人物制作信息卡或制作邮票大小的微型人物肖像，然后将它们放在故事盒中，并根据故事主题的风格装饰对故事盒进行装饰。

» 在纸盒外贴上地址标签，启发学生展开想象创作一个故事。例如，这个包裹是寄给谁的？里面有什么？包裹在运输的过程中可能经历什么？

» 将装有豆子的小纸盒作为表演故事《杰克与魔豆》（*Jack and the Beanstalk*）的道具。

» 收集大小不一的空纸盒制作纸盒机器人，或由学生自主设计，利用纸盒制作不同形态的模型。

我能用一个大纸盒做什么？

如果你有一个大纸盒（如洗衣机的包装盒），最好的利用它的方法，可能是把它交给学生，看看他们想用它做什么。大纸盒可能会成为一个秘密房间，孩子可以躲在里面看书或写故事。如果你想把盒子与某个学习主题（如交通工具等）关联在一起，你可以尝试：

» 交通工具主题：准备一组内部空间足够大的纸箱，保证每位学生可以安全地坐在一个纸箱内，增设轮子，将纸箱首尾相连作为火车的车厢，或增设船帆，使其组成一个船队。

» 太空主题：在一个衣柜大小的盒子外层包裹上一层锡箔，将其设计成一艘宇宙飞船。

» 科技主题：用纸盒制作老式电话机，参加主题为“古老的科技”模拟会议。

» 历史主题：在学习中世纪历史时，用若干体积不同的盒子建造一座大城堡，或者在研究玛雅文化时，参考奇琴伊察（Chichén Itzá）遗址，设计一个小型金字塔模型。

同时，你也可以将纸盒的各个面及边框拆开，扩展可利用的区域。例如，展开的纸盒可作为开放式的戏剧舞台背景，或当作临时房间的分隔板、地板。

猜猜盒子里有什么

即使是一个成年人，在收到未开封的盒子时，也会感到兴奋，倘若我们一直不打开这个盒子，那么盒子便会一直笼罩在一层神秘的面纱之下。你可以给学生一个密封的盒子，让他们写下自己的推测，盒子里面可能有什么。除此之外，你还可以尝试将空纸盒设计成具有其他用途的工具箱。例如，问题收集箱、记忆箱（用于收集对学生有特殊意义的物件）、主题盒（用于存放与学习主题相关的小物件）。

同时，我们可以由纸盒展开多角度的思考，延伸出更多的话题。例如，纸盒作为一个生活空间。面对低年级的学生，你可以让他们制作一个玩偶盒，或者用盒子为体型较小的宠物做一张床。面对高年级的学生，你可以与他们讨论较为深刻的社会问题，如对于无家可归的人来说，纸盒有何用途？居住在棚户区的人们的生活状态是怎样的？

拓展学习的道具

你可以尝试设计一个橱柜，专门用来存放能够启发学生思考的教学道具，这些道具适用于不同学科，为进行各种形式的创造性学习（creative learning）提供了更多的可能性。

在读写课，你可以尝试：

- 在学习《麦克白》，或阅读系列绘本《女巫温妮》（*Winnie the Witch*）时，使用干冰与学生一起制作沸腾的魔法药水。你可以向科学老师寻求建议，指导你做好防护工作，例如使用手套、钳子安全地处理干冰。
- 展示不同样式的钥匙，让学生猜想这些钥匙可能打开的门，以及这些门将通向何处。
- 阅读西尔维亚·普拉斯（Sylvia Plath）的诗《镜子》（*Mirror*），在这首诗中，诗人以镜子的视角和口吻观察、讲述了它的生活和体会。与学生讨论，日常的物件可以反映一个人真实的生活经历吗？想象在铅笔盒的视角中我们的生活形态是怎样的？

在数学或科学课，你可以尝试：

- 以松果为例，向学生展示自然界中存在的斐波那契数列（Fibonacci sequence）。

» 利用乐高玩具，向学生讲述分类、对称图形、分数及初级代数的概念。例如，用任意一个字母指代若干乐高砖块，然后在其基础上进行代数运算。
» 与学生分享自己或他人滑雪或跳伞的视频，描述身体从一定的高度快速下降时的感觉，讲述有关空气阻力的科学知识。

你也可以利用道具，进行课堂管理。

» 在教室里设置一个蜂鸣器，在活动或课堂测验结束时，按下蜂鸣器，提醒学生时间已到。
» 在教室里设置一个邮筒，学生可以把他们遇到的任何问题写在纸上，然后投递至邮筒中。你可以在课后查阅这些信件，与学生沟通并解决问题。
» 设计、制作一个独特的王冠，将它作为礼物送给本学期最努力，或课堂听讲最认真的学生。

第十章

服装设计师

服装往往可以表现人格。

——莎士比亚（Shakespeare）

《哈姆雷特》（*Hamlet*）

毫无疑问，服装对于演员角色的塑造发挥着至关重要的作用。不同材质的服装摩擦发出嘶嘶的声响，舞台灯光与服装色彩相互渲染，拓宽了舞台表演空间，演员表演的信心也随之增加。同样地，教师可以根据课程内容，穿着特定的服装，扮演课程内容中的特定人物，为课堂教学增加艺术性、趣味性，丰富学生的学习体验。

学生习惯于把教师视为权威人物，这在无形中增加了课堂上信息传播的距离。当你为更真实地表现正在学习的人物，尝试设计或穿着特定的服装时，学生会更贴近所学的人物，感受人物所处的情境。同时，独特的学习体验也能够帮助他们更好地理解、记忆所学内容。

可利用的配饰

除了特定的服装，一件简单的配饰也可以传递出人物的某些特征或重要信息。配饰可以从不同的角度激发学生对人物细节的观察与思考，帮助他们发挥想象力在脑海中构建完整的人物画像。例如，你可以尝试利用以下配饰辅助教学：

- 一副白色手套，用于操作实验，翻阅典籍或模拟文物修复。
- 一副一次性手套，用于模拟犯罪现场调查的场景。
- 一顶安全帽，用于模拟工程监察员检查住宅开发进度的场景。
- 一双鞋，让学生根据鞋子的类型、形态推测鞋子主人的信息（如职业）。
- 一个带有多个口袋的马甲，用于扮演需要携带各种装备外出采访的记者。
- 一个眼罩，鼓励学生利用多种感官感知周围的环境。
- 一个手提包，让学生根据手提包中的物件，推测出包主人的信息。
- 一顶司法假发，用于学习与法律、法庭相关的知识，或以审判为主题的内容。

你也可以利用配饰组织学生进行情境教学。例如，在外语课，你可以分发一些配饰，让学生用正在学习的外语词汇描述配饰的质地、颜色、尺寸、形状等，学生可以用字典查找自己想要表达的词汇。在读写课，你可以让学生根据手提箱里的物件展开想象，撰写一篇有关手提箱主人的人物分析报告，或创作一个以手提箱为线索的故事。

将服装设计融入学习

服饰可以为校园主题日增添许多新鲜的元素，学生可以在穿着特殊的服饰，扮演与主题相关的人物，参与主题活动。例如：

» 世界读书日
» 历史主题日
» 国际比赛日
» 科学文化周
» 莎士比亚周

在学习历史主题的内容时，学生可穿着特定历史时期的服装，扮演某个历史人物，以此了解人物的特征，或某一时期的服装文化。你也可以通过查阅大量的文字及非文字性的历史材料获得灵感，自主设计服装，并在设计完成后，向学生讲述以这样的方式设计服装的依据。

给小学教师的建议

在读写课，你可以尝试：

» 扮演巫师或女巫，启发学生创作自己版本的魔法世界主题的作品。
» 扮演童话里逃出烤箱的姜饼人，并留下线索，让学生发挥想象力，猜测你去了哪里，一路上发生了什么事情。

» 扮演一只大狗熊，与学生演绎《我们要去捉狗熊》（*We're Going on a Bear Hunt*）[①]的故事。在剩余的教学时间里，你可以一直扮演熊的角色，请学生协助你使用各种教学设备。因为你是一头“熊”，没有灵活的手指，很难正确地操作这些设备。

在历史课，你可以尝试：

» 装扮成维京人，与学生讨论有关维京人的历史话题。

在数学、科学课，你可以尝试：

» 在数学课，扮演一个不会数学运算的巫师，请学生教你数的运算。
» 在“科学文化周”装扮成玛丽·居里（Marie Curie），讲述著名女科学家的故事。
» 用锡箔纸和纸盒制作一套机器人服装，装扮成机器人，与学生一同探索与机器人相关的知识。

给初中教师的建议

在读写课，你可以尝试：

» 穿着白色的套装及手套，演绎《罗密欧与朱丽叶》（*Romeo and*

① 由迈克尔·罗森（Michael Rosen）和海伦·奥克森伯里（Helen Oxenbury）创作的绘本，获得了包括内斯尔·斯马尔蒂斯图书奖等多项荣誉。

Juliet）的最后一幕，犯罪现场调查。学生可以从现场留下的证据（如毒药、匕首和尸体）中，解读出故事的哪些内容？

» 扮演正在学习的故事、诗歌中的人物。例如，穿着灯塔值守人的外套，扮演威尔弗里德·威尔逊·吉布（Wilfrid Wilson Gibson）的诗《弗兰南岛》（*Flannan Isle*）中描写的失踪的灯塔值守人。

在历史课，你可以尝试：

» 扮演亨利八世（Henry VIII）的妻子，请学生采访你有关亨利八世统治时期发生的历史事件。
» 在讲述伦敦大火（Great Fire of London）事件时，扮演火灾发生时，忙着在花园里挖洞，掩埋奶酪的塞缪尔·佩皮斯[①]（Samuel Pepys）。

在数学、科学课，你可以尝试：

» 装扮成一位手持写字板、头发蓬乱的疯狂科学家，打破学生对科学家的形象及日常科研工作的刻板印象。鼓励女孩深入学习STEM（科学、技术、工程、数学）课程。
» 利用防水面料，向学生讲述有关纤维及织物的知识。
» 穿着白大褂，向学生介绍有关解剖学及生理学的知识。

---

① 塞缪尔·佩皮斯（Samuel Pepys）：17世纪英国作家、政治家，著有《佩皮斯日记》（*The Diary of Samuel Pepys*）。《佩皮斯日记》详细记录了他在生活、工作中的见闻。例如，伦敦大瘟疫、伦敦大火等，是17世纪重要的生活文献。

第十一章

会讲故事的人

谁会讲故事，谁就拥有世界。

——柏拉图（Plato）

几千年来，人类一直通过讲故事的方式传递着对历史、未来及当下的思考。如今纸质书、电子书、有声读物已非常容易获取，但对于孩子而言，安安静静地听别人讲一个故事，仍是一种美妙而神奇的体验。近年来，针对教学领域的神经科学研究发现，故事在学生学习和记忆知识的过程中发挥的作用至关重要。科学家丹尼尔·威林厄姆（Daniel Willingham）在给美国教师联盟（American Federation of Teachers）的一篇文章中总结了教育中故事的力量。事实上，相关的科学只是向我们证实了一个已知的事实：故事是表达意义的绝佳工具。我们可以通过创作一个新故事、关联一个与学习主题相关的故事、分享个人故事吸引学生参与学习，或通过演绎故事，激发学生对所学内容的深度理解与思考。故事提供了一个载体，让我们可以将自己代入故事的情境中，思考“如果……会怎么样”。

» 故事让我们参与到与他人共享的想象与感受体验中。当我们一起听一个故事时，我们对故事的真实性有了共同的认识，这能够帮助我们理解他人视角中的世界，培养同理心。

» 故事给予我们思考另一种人生的机会。当我们在阅读时会将自己代入其中，想象如果自己像故事中的人物那样勇敢、自信，生活会有哪些改变?

» 故事能够让我们在设定的特殊情境中预设潜在的问题、风险，这能够帮助我们提前做好应对准备。

» 历史故事使我们了解他人曾经面对的困难、挑战，以及他们如何应对这些考验。

» 故事让我们了解历史，丰富对过去的认知，并从中获得灵感及经验，帮助我们在已有的基础上继续新的创造。

» 故事本身承载着丰富的历史与文化内涵。通过分享神话、传说等，能够帮助我们构建身份及文化认同，传承传统文化。同时，故事也是我们了解其他国家、地区文化的窗口。

讲故事的时刻

孩子们安静地围坐在故事角，期待着故事的开始。你坐下来打开书的第一页，故事的开头往往是“很久很久以前……”，或“那是一个漆黑的，风雨交加的夜晚……”你是否思考过，在你讲故事，学生听故事的时刻，他们能够学习到什么？

» 当学生被故事情节吸引，专注地聆听时，他们正在学习如何倾听，并培养自己的语感。

» 故事能够让学生在一段时间内集中注意力，保持高度专注的状态，并从你所讲述的内容中提取关键信息，想象故事发生的情境。

» 通过故事理解象征性表达的概念。

» 通过想象，将故事转化为可视化的图像，让故事在脑海中生动起来。

» 故事能够带给孩子情感的安慰。我们每个人对故事的最初体验，通常是在晚上准备睡觉的时候，躺在温暖的小床上，爸爸妈妈轻声为我们讲述一个故事。然而可惜的是，并不是每个孩子都拥有这样的体验，这也意味着，对于有些孩子来说，听老师讲故事的经历会成为他们一生难忘的记忆。

讲故事的艺术

讲故事是帮助学生理解抽象概念的有效方式，为了能够最大程度地让学生在故事中学习，我们应尽可能扩展不同类型的故事储备，并精进讲故事的技能。

选择故事

- 持续积累多种类型的故事素材，以支持不同主题的跨学科项目式学习，创设不同的教学情境。
- 对于低年级的学生来说，尽可能选择富有节奏感，包含重复元素的故事，易于他们理解。
- 向同事和图书馆管理员寻求帮助，及时了解最新的出版物。
- 收集不同文化背景的故事。
- 密切关注儿童图书奖，如卡内基文学奖（Carnegie Medal）和凯特·格林纳威奖（Kate Greenaway Medal），尽可能阅读所有获奖及提名的图书。
- 拓展基于主题和学科的故事库，支持包含不同主题的跨学科项目式学习。
- 让学生自主选择阅读材料，或让学生投票选择最喜欢的阅读类型，然后从中选择阅读材料。

做好阅读的准备

- 谨慎地选择阅读的时间地点，思考你希望带给学生怎样的阅读体验，然后试着创设能够带来这样阅读体验的环境。
- 在学生完全安静前，不要开始有声阅读。
- 讲故事不一定总需要全班同学共同参与。如果你面对的是低年级的学生，与学生一对一地分享故事也是不错的选择。
- 营造安静、温馨的气氛（如拉上窗帘或调暗灯光）。
- 当你向全班同学读一个故事前，你可以考虑站在教室的后方，让孩子们的注意力集中于你的声音和故事本身，专注于聆听与思考。经过实践，我发现高年级的学生更喜欢这样的阅读方式。

阅读故事

- 通过放慢节奏和突出重音的方式强调故事中的关键词，帮助学生理解故事内容，掌握整体的故事框架。
- 根据故事中角色的设定及情节发展变换语气、音色、面部表情、肢体动作等，全情投入地演绎故事。
- 在不影响故事节奏的前提下，利用故事间的停顿（如悬念点），提问学生，目前发生了哪些事情？接下来可能会发生什么？
- 讲故事的人可以是你，也可以是学生、学生的家长、同事或专业的戏剧演员。

- 鼓励学生为故事中的角色配音，或演绎故事中的情节。
- 分享个人故事。对于学生来说，你的个人故事具有独特的吸引力。你可以与学生分享你童年时的梦想、爱好、兴趣等，你也可以通过讲述与个人经历相关的故事来激发学生的学习兴趣。例如，分享你的旅行趣事，激发学生了解其他国家的兴趣。

阅读结束之后

- 让学生续写故事，或撰写故事的发展框架。
- 将故事以另一种艺术形式再现。例如，根据故事内容制作拼贴画或积木模型。
- 让学生以小组为单位，口头复述故事或表演故事，并与家长分享。
- 实践派·科贝特（Pie Corbett）提出的“为写而说”（Talk for Writing）的方法，要求学生分析、复述、改写或续写故事。
- 录制你讲故事的过程，或学生演绎故事的过程，并在学校的社交平台分享（你可以使用绿幕拍摄，并为故事设计特效背景）。

创作自己的故事

除了讲述已有的完整故事外，你也可以与学生设计自己的原创故事。首先，你可以向学生讲述故事的整体结构或大纲，并提问一些有关故事主题的开放性问题，由学生补充故事细节。例如：

“此刻，你走进一片森林，环顾四周一下，你看到了哪些种类的树木？你听到了什么？“现在你朝一栋楼走去。这栋楼的外观是怎样的？进入大楼，里面有人吗？他们是谁？他们在干什么？”为学生留出充足的思考时间，想象自己置身于故事场景中会有怎样的感受？做出怎么样的反应？以此不断拓展、丰富故事内容，进而创作完成自己的故事。

将故事融入教学

除了在课堂上讲述故事或关联与学习主题相关的故事外，故事本身也可以完整地贯穿整个教学过程。英国戏剧教师及教育戏剧学者桃乐丝·希思考特（Dorothy Heathcote）提出了“专家外衣”（Mantle of the Expert）的教学方法，即学生扮演故事中的人物，以专家的身份（如医生、科学家等）分析问题、提出想法、解决问题，教师为学生提供相关的信息与研究支持。我们可以通过教育戏剧的方式，将不同学科的学习置于同一情境中，建立跨学科的完整知识构架与学习模式，将故事融入教学。

通过故事学习

故事能够帮助我们教学主题，激发学生的创造性思维，建立深度理解课程内容的多元视角。你可以尝试以下方式，利用故事重构教学设计。

在艺术、设计课你可以尝试：

- 与学生研究各种不同类型的故事书的封面设计，或一本经典著作在不同时期、不同版本的封面设计（如莎士比亚戏剧著作的封面）。鼓励学生尝试为读过的故事设计新的封面，并阐释设计原因。
- 在阅读莉娅·唐纳森和阿克塞尔·舍夫勒创作的绘本《小海螺和大鲸鱼》后，让学生观察亨利·马蒂斯（Henri Matisse）的抽象剪纸艺术作品《蜗牛》（*The Snail*），鼓励他们以裁剪、拼贴的方式表现故事中的鲸鱼的形象。
- 让学生以绘画的方式再现故事描述的画面。

在数学课，你可以尝试：

- 设计数学故事或数学谜题，在故事中提出数学问题。例如，为低年级的学生创设一个名为“数字世界”的场景，数学世界中的角色可以基于数字或数学符号进行设计，学生须通过不断地解答数学问题，一步步了解完整的故事情节。
- 面对中、高年级的学生，你可以根据学生日常生活中喜欢做的事情

（如观看足球比赛）编写故事，并在故事中融入数学问题。

在读写课，你可以尝试：

» 组织全班同学共同讲述一个故事，每人讲一个词或一个句子，或让学生围成一圈，轮流讲故事。你可以利用翻页画板（flip chart），收集孩子们的想法，整理故事线，展示故事设计、编辑的过程。
» “一句话故事”，也被称为微型小说，即用一句话写一个故事。例如，海明威（Ernest Miller Hemingway）写作的“出售：婴儿鞋，从未穿过。”你可以让学生独立创作一个一句话故事，或以一句话故事的形式概括读过的小说或戏剧。

在科学课，你可以尝试：

» 以《小海螺和大鲸鱼》的故事作为向学生介绍鲸鱼的种类，以及进一步探讨可能造成鲸鱼搁浅的因素的起点。
» 阅读艾瑞·卡尔（Eric Carle）创作的《饥饿的毛毛虫》（*The Very Hungry Caterpillar*）与学生讨论毛毛虫转变为蝴蝶经历的不同阶段。

第十二章

作家

> 作家最吸引人的两种力量，是能够使新奇的事物变熟悉，以及使熟悉的事物变新鲜。
>
> ——塞缪尔·约翰生（Samuel Johnson）

教育者在某种程度上从事着与作家相似的工作，我遇到了不少教师，他们正在写一本书或正在构思一本书。教师在写作方面投入了大量的时间和精力，包括撰写课程设计方案、教学计划、学习材料、教学总结，对学生的笔记、作业进行批注、评价学生的学习成效，并给予学生反馈，以帮助他们改进。同时，教育者还需要回复来自教学主管、学生家长，以及外部教育服务或监管机构的电子邮件等。

如今许多教师会在教学时间之外进行有关教育或教学主题的写作，在社交平台或书中分享自己的想法、教学资源、学习材料等。例如，他们会在博客上发表自己对教育政策及实践的看法，或者以作者的身份出席教育论坛，分享他们的教学研究及经验。

设计写作素材

撰写写作素材是写作教学任务中最为关键的部分，具有艺术力的教师往往更喜欢自己设计、编写训练学生写作技能的学习材料，虽然这需要耗费大量的时间和精力去整理庞大的写作资源库，但在这一过程中，你会发现原创的写作素材更具针对性、灵活性。

写作范例

当你为学生准备写作素材时，会发现很难直接找到自己想要或需要的内容，帮助自己实现具体的教学目标。在这种情况下，我通常会自己设计写作教学素材使其完全符合学生的需要：这可能是一首诗、一篇文章、一封信或一个故事。例如，我写了一个短篇故事，向学生说明如何利用一系列短句塑造文章内在的戏剧张力。倘若你专门为学生撰写了写作素材，一定要告知学生，这是你自己的原创作品，学生会透过你的写作范例，感受到你的创造力，并以你为榜样。

优秀的范例

向学生展示一篇佳作应该是什么样子的。你可以提前准备好优秀的范例，也可以在课堂教学中让学生参与作品的创作过程。例如，你可以在课前写好一篇范文，然后与学生一起研读，向他们展示具体的内容对应的评分标准。你所撰写的写作范例可以是一个写作大纲，一个片段，或是一篇完整的文章。范例的形式，由你的教学目标和学生的需求决定。

糟糕的范例

为学生编写一些糟糕的范例，并说明为什么这些例子是糟糕的。你可以通过夸张错误的表达，展示糟糕范例的特征，从而让学生注意避免这些错误。有时，带领学生研读一个糟糕的范例，反而会使他们意识到自己在写作中出现的问题，以及需要改进的地方。

改写文本

除了自己设计写作素材外，你也可以对需要研读的文本进行改写。我创作过一部《犯罪现场调查》（*Crime Scene Investigation*）风格的戏剧，再现《罗密欧与朱丽叶》的最后一幕（学生并没有意识到自己正在学习莎士比亚的名剧），在学习《麦克白》时，我编写了《麦克，迷你系列》（*Mack, the Mini-Series*），帮助学生在学习原著前，了解故事情节，建立创作于400多年前的莎士比亚戏剧与我们当下主题的关联。改写文本并不意味着你不与学生分享原著，它仅作为原著的替代或预备文本为学生深度阅读、理解内容设置一个起点。

有趣而重要的关键句

在为学生提供篇幅较长的完整作品外，你也可以将文本进行拆分，分析文章各个部分的作用，找到其中的关键句，尝试将语言进行重新组合，帮助学生找到适合自己的写作风格和方法。例如，如果你们正在学习写作议论文，可能会用到以下关键句：

» 是时候我们……
» 在我看来，我们应该……
» 另一方面，我们可以看到……
» 有一部分人建议……
» 综上，我们可以这样理解……

同时，卡洛琳·斯伯丁（Caroline Spalding）与我分享了“棒棒糖关键句写作法”，即将关键句的组成部分分别写在棒棒糖上（如表格所示用于阐述反驳意见的关键句的3个部分），分成三列，粘在展示板上。学生从每一列中拿一根棒棒糖，然后将它们混合、搭配，组成不同的关键句。

棒棒糖1	棒棒糖2	棒棒糖3
我极力……	……驳斥……	……这个提议……
我从根本上……	……不同意……	……这个想法……
我强烈……	……反对………	……这个建议……

让学生成为作者

如今，我们有很多方法可以发表学生们的作文。当孩子们以作者的身份，看到自己的作品以出版物的形式发表，这对他们来说是极大的鼓励，家长也会感到十分骄傲。你可以尝试以下方法，帮助学生发表或出版自己的作品，让学生成为作者：

» 创建一个班级博客或网站，定期更新学生的文章。

» 在校园内或学校周围的展示区，展示学生的作品。

» 收集学生写作的优秀作品，将其制成小册子或作品集。

» 举办或鼓励学生参加写作比赛，并在线上（线下）公布获奖作品。

你也可以与出版社合作，提前了解图书出版的要求及条件，将学生的作品以纸书或电子书的形式出版。

通过写作学习

由学生创作的作品可抵达的读者群范围通常比较小，读者对象往往局限于同学、教师或家长。你可以尝试以下方法，让学生的作品被更多的读者看见。

在读写课，你可以尝试：

» 鼓励学生写一本书，不同年龄段的学生都可以尝试创作。例如，初中生可以编写《初中生存指南》为准备步入中学的高年级小学生提供建议。
» 与学生一起创办一份班级杂志，刊登学生写的文章，或节目访谈、小测验、填字游戏等。
» 关注专为年轻作家组织的写作比赛及颁发的奖项。例如，英国广播公司为14—18岁的青少年设立的青年作家奖（Young Writers' Award）。

在科学课，你可以尝试：

» 让高年级的学生设计一份有关正确使用科学实验室的安全宣传海报，内容包含正确使用实验仪器的文字说明及图片，阅读对象为新生或低年级的学生。
» 鼓励学生创作科学主题的作品（如科幻故事、小说、漫画），创设有趣的科学角色，吸引读者共同参与故事创作。

在音乐课，你可以尝试：

» 创建一本音乐主题的刊物，由学生设计、编写内容。例如，刊登学校管弦乐队和合唱团的演出信息，或撰写演出评论等。

在地理课，你可以尝试：

» 让学生给报社写一份信，阐述自己对重要的地理学研究议题（如气候变化、环境破坏、垃圾回收）的看法。

在外语课，你可以尝试：

» 指导学生用正在学习的外语写一个儿童故事。学生应对外文作品进行调查研究，了解目前以该外语语种撰写的儿童故事的流行主题，以及主要人物类型。

第十三章

策展人

伟大的艺术家是那些在艺术中找到自我的人。

——玛戈·芳廷（Margot Fonteyn）

艺术的作用更多的是启发我们提出问题、思考问题，而非回答问题。在阅读本章内容前，请先思考以下问题：你所在的学校是否有专门的空间，用于展出不同类型的艺术作品？你是否询问过学生对校园艺术的看法？学生是否有机会通过不同形式的艺术创作表达自己的想法？在紧张的教学中，你是否为学生进行独立创作留出时间？如果我们仅以成绩作为评判学生学习成效的标准，那么艺术对于学生而言还重要吗？如果没有艺术，世界会变成什么样？艺术到底是什么？

你可以尝试在教学设计中融入自己对艺术的理解，或利用课余时间与学生共同打造富有艺术性的教学空间。孩子们天生具有强大的艺术创造力，倘若你给予他们一些不同颜色的卡纸、颜料、闪光粉、胶水，他们会创作出许多极富创造性的作品。

大同小异的毛绒鸭

“毛绒鸭现象”是指教师给每位学生完全相同的素材（一张完成的绒毛鸭的图片、一只剪好的鸭子形状的卡纸和一些羽毛），教师明确地告知学生应该把哪一片羽毛放在哪里。学生唯一的工作就是听从教师的指示。最终每个孩子得到了几乎完全相同的毛绒鸭，并把它带回家与父母分享。教师和家长或许对毛绒鸭很满意，但学生并不能够通过制作大同小异的毛绒鸭培养创造力。如果你希望学生真正创作属于自己的作品，你可以尝试：

» 当你开始计划一项实践活动时，不要试图控制每一个环节，给予学生自由选择空间。

» 为学生提供多元的素材和资源，鼓励他们尝试不同类型及主题的创作。

» 关注学生的创作过程，鼓励学生不断地尝试，使作品的最终成果尽可能达到自己的预期。

» 了解学生作品的深层意义，避免仅追求“看起来不错”的成果。学生创作的目的不是让作品看起来规整、有序，而是通过作品表达自己的思考。

由学生设计，为学生设计

如果能够在学校举办艺术展那真的是太好了。你可以担任策展人，而展出的艺术品可由学生自主设计，你也可以邀请职业艺术家、设计师与学生合作，让学生感受专业的艺术创作过程。除此之外，学生也可参与学校组织的不同规模的设计项目：

» 设计新的校徽、校服。

» 设计校内雕塑（雕塑可由回收材料制成）。

» 改造学校操场的游戏区或花园。

富有艺术性的展示方式

我曾参观过很多学校，置身于一个美丽的校园如同在参观一个美术馆。学生的绘画作品、文字作品等多种形式的艺术创作充满教学空间，由此可见任何学科的教师都有艺术策展的天赋，你可以尝试以下方法，将教学空间设计得更富艺术性：

» 使用鲜明的色彩（如红、黄、蓝原色）装饰空间，并融入多感官参与的体验设计。例如，使用砂纸、棉绒和玻璃纸等材料为展示背景添加纹理，或加入音效按钮录制声音片段，还可以利用投影将三维元素展示在不同的空间平面。

» 制作富有装饰性的展览框。你可以在慈善商店或二手商店寻找一些旧画框，在画框四周喷上金色的颜料，或在画框四周环绕一圈圣诞彩灯，增加闪光效果，然后将展览框固定在墙上，用于展示学生的艺术作品。

» 在教室的一侧设置白板墙，学生可以在上面写下自己的问题、想法、喜欢的句子、阅读笔记，或在白板上自由绘画。

可利用的艺术资源

你可以在教室的创意角放置学生可利用的艺术资源，尽可能提供多样的素材，支持学生多种形式的创作。艺术作品可以是暂时的，也可以是永久的，学生在沙盘上画的曼陀罗花，或是用鹅卵石排列的图案都可以被视作艺术作品。你可以将放置在创意角的艺术资源按照主题进行分类：

» 纺织品：衣服、丝带、羊毛。
» 闪闪发光的物品：闪光粉、水晶、锡箔纸。
» 可回收物品：酸奶罐、报纸、纸板。
» 自然主题：石头、树叶、花、贝壳。
» 冬季主题装饰：棉花、泡沫、银白色的闪光粉、光秃秃的树枝。

可选择的艺术创作媒介

除了考虑可利用的艺术资源外，我们还可以对可选择的艺术创作媒介进行实验。随着时间的推移，人们关于“什么是艺术”的观念也发生了变化。传统意义上，艺术是学习艺术专业的精英在画布或木板上创作的作品。如今，艺术可以以任何形式呈现，在屏幕上，或者如我们在现代艺术馆看到的，通过各种装置表现。对艺术家而言，艺术创作的过程与最终的艺术成果一样重要。我们可以与学生围绕“艺术是什么”“艺术在哪里发生”及“谁来定义艺术”等问题展开讨论，你也可以尝试：

» 带领学生在操场的跑道，或墙壁上创作粉笔画。

» 允许学生用可擦拭的粉笔，或使用白板笔直接在课桌上画画。

» 让学生在较大的树叶，或表面光滑的树皮等自然材料的表面进行艺术创作，或利用硬度较大的水果或蔬菜进行雕刻。

» 用树枝或木棍在泡沫、沙子或泥土等不同材料的表面创作图像。

» 用画笔在纸盘上作画，或用陶瓷笔在陶瓷、玻璃制的盘子上制作图像。

» 将酱汁、糖霜、肉汁等作为颜料，在纸盘上制作可食用的临时艺术品。

学生共同参与的艺术项目

学生独立尝试利用不同媒介进行艺术创作，是一种很好的培养创造力的方式，除此之外你也可以设计一些适合全班同学合作完成的艺术实践活动，例如：

- 准备一张足够大的桌布，鼓励学生尝试杰克逊·波洛克（Jackson Pollock）风格的泼洒艺术（Splash Art）。请注意，创作泼洒艺术作品最好在室外进行，孩子们在创作中可能会变得很兴奋，因此在活动开始之前要制定明确的行为规则。
- 为学生提供足够长的卷轴画纸，与学生在户外尝试巨幅画的创作。你可以让学生自主决定创作内容，或设定一个主题，以小组的形式合作完成。例如，孩子们可以共同画一个巨型火箭，或一列有许多节车厢的巨型火车，并在车窗的位置画出自己的样子，或通过一系列图片讲述一个故事，绘制一幅巨大的故事地图。
- 首先让学生利用颜料在纸上印出手掌的形状，并将手印裁剪下来。然后收集所有同学的手印，将手印作为叶子拼贴成巨大的树冠，固定在提前画好的树干上，创作一棵包含所有同学身份印记的大树。
- 如果你可以获得学校领导的许可，你可以将教室的墙壁作为创作平面，让学生直接在墙壁上进行创作。我曾参观过学生在墙壁上完成的以第一次世界大战为主题的诗歌作品展览，整个墙壁被漆成黑色，所有的诗歌和插画都用红色的颜料呈现，整个展览极富视觉冲击力。

绘画的工具与材料

你可以突破传统画笔制作材料与方法的限制，利用自然材料为学生制作“画笔”。例如：

- 将冰激凌棒浸在颜料中，然后放入冰箱制成颜料冰棒。利用颜料冰棒进行绘画，并观察随着冰棒融化颜料呈现的色彩变化。
- 将麦芒或蒲公英作为画笔。
- 学生可将浸满颜料的毛绒玩具作为画笔，在大幅画布上进行创作。
- 将玩具车的车轮轮浸在颜料中，学生推动小车，便会在画纸上留下带有颜料的轨迹。

微型艺术

艺术品不一定要规模宏大才具有影响力，微型艺术同样具有触动人心的力量。例如，艺术家在有限的空间内雕刻的复杂浮雕，或是学生设计的法贝热彩蛋（Fabergé egg）。微型艺术能够让学生在有限的教师空间内完成更多的创作，你可以尝试：

» 让学生创作邮票大小的自画像，或临摹卡通人物的形象。

» 让学生设计一个微型花园景观。学生可以选择种植真正的绿植，或用其它材料替代。有时，他们会将棒棒糖的棒作为栅栏，将花椰菜作为小树设计自己的小花园。

» 首先将A4纸平分为若干份（如平分为16张大小相同的纸），让学生在分好的纸上进行创作，然后将学生完成的每一幅小的图画收集起来，拼贴为一幅完整的A4纸大小的画作。

视觉学习法

视觉学习法在教学中发挥的作用至关重要，这不仅体现在美术等以艺术知识为主要教学内容的学科，也体现在其他学科的教学中。通过可视化的方式阐释教学内容，可以帮助学生更好地理解、记忆所学。同时，可视化的艺术作品也是支持我们进行跨学科项目式教学的重要媒介。

» 艺术作品能够以图像等可视化的方式，直观再现其创作时期的历史文化，以及创作者希望传递的思想。

» 篃通过研究艺术家对特定主题（如不同时期的女性形象）表现方式，可以让我们了解人们对该主题的认知及态度的变化。

» 再现现实景观的艺术作品（如风景画）为我们研究特定时期的地理景观，以及人与土地的关系提供了多元的视角。

» 艺术作品的物理特性与视觉表现中包含了与科学、数学相关的知识。例如，光的传播，色彩的制作和表现方法，以及比例和形状的运用。

通过艺术学习

通过艺术建立不同学科之间的连接，或以艺术的形式阐释某一主题、概念，能够帮助学生延展学习的广度与深度。

在数学课，你可以尝试：

» 利用艺术中的重复表现模式理解具体的数学概念。例如，通过观察莫里茨·科内利斯·埃舍尔（Maurits Cornelis Escher）的作品了解对称的概念。

» 使用瓦西里·康定斯基（Wassily Kandinsky）和保罗·克利（Paul Klee）的绘画来识别不同的几何形状，并学习用数学语言描述形状之间的关系。

» 通过调配不同的颜色向学生讲述比例的概念。例如，你可以制作色彩图表来显示从浅粉色到深粉色的颜色渐变，以及制作出这些渐变的效果所需的白色与红色颜料的配比。

» 带领学生参观现代美术馆，如泰特现代美术馆（Tate Modern），观察画家表现二维与三维图形的方式。

在文学课，你可以尝试：

» 在学习战争主题的诗歌时，搜集同一主题的具有代表性的绘画作品。与学生比较分析两种不同的表达方式所传递出的信息、情感。

诗人是如何描述的？画家又是如何表现的？

» 根据威尔弗雷德·欧文（Wilfred Owen）的诗歌《为国捐躯》（*Dulce et Decorum Est*）创作拼贴画，要求每组学生为不同的诗句创作拼贴画，并讲述每幅拼贴画展现的诗句内涵（拼贴画能够帮助对自己的绘画水平没有自信的学生用艺术的方式表达自己的想法）。

» 启发学生在威廉·布莱克（William Blake）附有配图的诗歌集，以及塞缪尔·泰勒·柯勒律治（Samuel Taylor Coleridge）的富有画面感的诗歌《古舟子咏》（*The Rime of the Ancient Mariner*）中寻找灵感，尝试创作自己的诗歌作品。

» 将艾米丽·玛丽·奥斯本（Emily Mary Osborn）在1857年绘制的《无名亦无友》（*Nameless and Friendless*）作为学习人物神态描写的素材。

» 让学生以“故事地图”的形式讲述一个故事。

» 鼓励学生用绘画呈现文字描述的画面。例如，“阳光洒落在身上”或“恐惧感重重地压着我”。

在科学课，你可以尝试：

» 搜集由自然材料制成颜料的例子。例如，利用胭脂虫制造胭脂红颜料，与学生讨论从黑莓、甜菜根、土壤中提取天然色素的方法。

» 与学生讨论不同颜料的物理特性。例如，水粉、水彩和丙烯颜料的区别是什么？为什么蛋彩画中颜料的色彩能够长久保存？

» 研究当下我们利用科学技术辨别艺术品真伪的方法。例如，在显微镜下观察油画层，利用质谱法识别绘画中使用的颜料，或利用X射线和红外扫描观察作品的底层细节。

» 探索艺术作品如何表现与科学、医学相关的主题及信息。例如，观察人体解剖图，或探究列奥纳多·达·芬奇的绘画作品中体现的艺术与科学的关联。

在地理课，你可以尝试：

» 通过艺术作品了解特定历史时期人们对自然世界的观察，艺术家是如何描绘自然灾害的？我们可以从这些非文字性的历史资料中获得哪些有价值的信息？例如，你可以在不同绘画作品看到艺术家们呈现1755年里斯本大地震（Lisbon Earthquake）的多种视角。

» 通过艺术作品了解不同时期城市的物理空间与环境的变化。例如，将英国画家劳伦斯·斯蒂芬·洛瑞（Laurence Stephen Lowry）的作品作为研究英国不同地区工业化和城市化进程的起点。

在历史课，你可以尝试：

» 将不同形式的艺术作品作为研究特定主题的材料。例如，通过威廉·莫里斯（William Morris）的手工艺品和工艺设计，使学生了解维多利亚时代工艺美术运动，或通过洞窟壁画了解石器时代的文化。

» 在一系列绘画作品中收集你们正在学习的特定历史时期的信息（如当时人们的着装风格、饮食文化、建筑风貌等）。

第十四章

雕塑家

尚未雕刻的大理石承载了最伟大的艺术家的所有思想。

——米开朗基罗（Michelangelo）

正如大理石可以承载雕塑家所有的思想，作为教师，我们完全可以凭借自己对学科知识及学生的理解，选择多样的教学素材，发挥想象力，尝试以雕塑家的角度思考，愤怒的形状是什么？什么形状最能代表爱？我怎样用直观的方式表现这一知识概念等，尝试富有创造性的教学方法，将课程塑造成最佳的形状。同时，雕塑作为一种艺术表现形式，关乎多维的视角，是跨学科学习的重要媒介，能够激发学生更深层，以及更富象征性的思考。

选择教学素材

一片红色的枫叶，一根形状有趣的树枝，或是在树篱间生长的常春藤，都可以成为教学的素材。知识存在于世间万物之中，具有艺术力的教师的超能力是能够在任何时间和地点看到学习的机会，并发挥想象力建立教学内容与现实世界的联结。

积木是许多艺术家或设计师用于制作雕塑的材料。例如，著名乐高艺术家内森·萨沃亚（Nathan Sawaya）使用乐高积木制作的大型现代艺术雕塑被世界各大博物馆收藏。你可以与学生讨论“雕塑作品如何引发观众的情感共鸣？”“按照说明书的步骤搭建的积木与按照自己的想法搭建的积木，哪一种可以被视为艺术作品？”“艺术作品必须包含哪些元素”等问题，启发学生思考。

瑞秋·琼斯（Rachel Jones）在《教师极客》（*Teacher Geek*）中描述了使用稻草包、塑料杯、锡纸、黏土等材料与初中生一起搭建建筑模型的经历，她鼓励学生以艺术的形式表达自己的想法。你可以尝试使用以下材料让课堂教学变得更有趣、更富吸引力。

混合纸浆：

你可以将报纸制成混合纸浆与学生创作纸塑艺术：

» 将气球吹至所需的尺寸。

» 准备报纸条。建议学生在接触胶水前将报纸撕成条状。

» 将一份水和三份胶水混合。

» 将报纸条浸入混合的胶水中，然后将其覆盖在气球上。

» 在已被报纸条覆盖的气球上继续添加较厚的白纸或彩纸。然后将气球悬挂起来，使其干燥。

» 学生可以在气球外层的白纸或彩纸上自由创作，涂上颜料或画上自己喜欢的人物头像，将其做成气球玩偶。

黏土：

你可以使用黏土或橡皮泥与学生制作模型：

» 适用于科学课的骨骼模型或行星模型。

» 适用于读写课或文学课的人物模型。例如，制作克蕾西达·考威尔（Cressida Cowell）的作品《驯龙高手》（*How to Train Your Dragon*）中龙的模型。

纸盘：

纸盘是十分常用且价格便宜的材料，可用于绘画、制作模型，也可以用绳子将一系列画有相关主题的纸盘串联起来，作为一个引人注目的悬挂展示。例如，在读写课，你可以让学生尝试用纸盘呈现一个故事。首先，将故事主题写在纸盘中央，然后将故事要素（如时间、地点、人物等）写在纸盘边缘，并添加装饰，突出纸盘中央的故事主题，如在《罗密欧与朱丽叶》的故事主题周围固定一圈圣诞灯，营造浪漫的气氛。

瞬态艺术

存在的短暂性是瞬态艺术（Transient Art）的重要特征。被上涨的海水冲散的沙画，或被风吹散的，用花瓣排列的图案都可以被视为瞬态艺术，虽然我们可以拍下创作的瞬态艺术作品，但瞬态艺术作品本身很难被长时间保存，它们可能会被风雨摧毁，或慢慢腐烂回归土地。你可以与学生欣赏利用自然材料创作瞬态艺术的雕塑家安迪·戈兹沃西（Andy Goldsworthy）的作品的照片，或搜集更多瞬态艺术作品的案例，如艺术家安迪·库坦奇（Andy Coutanche）在泽西岛的沙滩制作的雕塑。

瞬态艺术为学生提供一种独特的艺术表达形式，尤其是在户外活动时，你可以尝试以下方法，鼓励学生将瞬间的灵感转化为即兴的瞬态艺术创作：

- 用树枝在泥土或沙子上作画。
- 以排列树叶或花瓣的方式，创作一幅画。
- 制作不同形态的雪人、冰雕，或在积雪覆盖的地面作画。
- 用树枝等其他自然材料搭建洞穴。

全校雕塑项目

如果你的校园内有足够大的室外活动空间，你可以一个独立区域打造为雕塑公园，展示学生或艺术家的雕塑作品，并在公园周围铺设游览路径。雕塑可以是大型、永久的，但也可是小型、暂时的。同时，你也可以与学生探索位于公共空间中的艺术雕塑。例如，根据动画电影《超级无敌掌门狗》（*Wallace and Gromit*）中的角色格罗米特（Gromit）设计的大型雕塑遍布布里斯托尔（Bristol）罗米特艺术之路（Gromit Art Trail）的各个角落。

全校雕塑项目是向学生展现艺术重要性的绝佳方式。许多艺术家愿意与学校合作，使用纸板、粘土、富有马赛克艺术效果的彩色玻璃、石头及其他材料组合进行创作，向学生展示职业艺术家的工作状态。

通过雕塑学习

雕塑作为一种艺术表达形式，能够为学生提供理解课程内容的新视角。例如，富有纪念意义的的雕像记录了当时人们的想法，展现了不同国家、地区的历史和文化。同时，我们可以通过雕塑，向学生阐释艺术家如何在不同的表达形式中获取灵感。

在文学课，你可以尝试：

» 赏析雪莱（Percy Bysshe Shelley）的诗《奥兹曼迪亚斯》（*Ozymandias*），据说诗人的创作灵感来自位于埃及的拉美西斯二世（Ramses II）巨型雕像的遗迹。与学生讨论从作者的描述中我们能看出雕塑的哪些特征？为什么人们要不遗余力地制作大型公共雕塑？

在历史课，你可以尝试：

» 与学生分享历史雕塑或古代建筑的图片，如人物雕像或大型纪念碑。与学生讨论它们被雕刻的方式，以及作者希望通过雕塑表达的深层意义。

» 通过世界著名的雕塑了解与之相关的历史事件及人物。例如，与学生讨论勃兰登堡门（Brandenburg Gate）为何被视作德国的标志性建筑？有哪些历史事件及人物与之相关联？

» 以位于特拉法加广场（Trafalgar Square）的纳尔逊纪念柱（Nelson's

Column）为例，与学生讨论艺术家如何通过设计公共雕塑纪念重要的历史事件。

在科学课，你可以尝试：

» 用不同种类的可回收材料制作一个“垃圾熊”雕塑，鼓励学生回收自己的垃圾，并思考哪些材料可以被回收利用。
» 与学生讨论用于制作雕塑的不同材料的特性。为什么有些材料容易被雕刻，而有些材料却较难被雕刻？为什么添加过多的水会使黏土更容易发霉？黏土、大理石等材料的主要区别是什么？这些材料是如何制成的？

第十五章

音乐家

> 音乐表达的是无法言说却又不能对其保持缄默的思考。
>
> ——维克多·雨果（Victor Hugo）

教室是多感官体验融合的学习场所，音乐带来的听觉体验在学生学习过程中发挥着重要作用。音乐能够传递人们微妙而难以言说的情感，同时让我们学会倾听。音乐是多样的，有的音乐带给我们力量，有的音乐使我们陷入悲伤。甚至，安静也可以被视作一种音乐。例如，美国先锋派作曲家约翰·凯奇（John Cage）创作的《4分33秒》（*4'33"*），全曲由4分33秒的无声音乐组成。

将音乐融入教学

在许多教学场景中，我们可以将音乐作为学习素材：

- 让学生在聆听音乐的同时用写作，或绘画的方式表达这段音乐带给自己的感受。
- 欣赏与课程主题相近的音乐，或感受诗歌的韵律。
- 通过多种类型的音乐了解不同国家、地区的不同时期的文化。
- 通过演唱不同语种的歌曲学习语言。例如，组织学生演唱简单的西班牙童谣，帮助学生掌握西班牙语的基本发音。
- 用音乐计时。在考试或某项任务结束前的3—5分钟播放一首时长为3—5分钟的音乐，提醒学生距离考试或任务结束还有多长时间。
- 当你希望学生加速完成某项任务时，可播放节奏较快的音乐。
- 当你希望学生平静下来时，可播放舒缓的音乐。

课堂上的歌曲

当学生在演唱歌曲时，你可以尝试根据歌词内容进行配乐。例如，我会准备一个平底锅和几根香肠，在学生唱到“香肠在锅里滋滋作响”时，煎制烤肠为他们伴奏。

如果你教授的是、高年级的学生，你可以为学生播放理解难度较高的民谣或歌剧。在聆听的过程中，引导学生注意演唱者音色与歌曲节奏的变化，理解音乐承载的信息与情感。

在读写课或文学课，你可以将歌曲与诗歌进行比较，因为歌曲更容易为人所熟知，所以它们好像带给我们更亲近的感受，但在某种程度上，歌曲与音乐这两种表达形式是可以相互转化的。你可以将流行歌曲作为学习素材，讲述文学写作的技巧（如比喻、重复）。

为教师准备的歌曲播放列表

播放列表：通用背景音乐

» 迪士尼钢琴曲汇编（*Disney piano compilations*）。

» 阿沃・帕特（Arvo Pärt）的《镜中镜》（*Spiegel im Spiegel*）。

» 佛利伍・麦克（Fleetwood Mac）《束缚》（*The Chain*）的低音独奏。

» 古典音乐，如柴可夫斯基（Pyotr Ilyich Tchaikovsky）的《胡桃夹子组曲》（*Nutcracker suite*）、理查德・瓦格纳（Richard Wagner）的《女武神的骑行》（*Ride of the Valkyries*）、古斯塔夫・霍尔斯特（Gustav Holst）的《行星》组曲（*The Planets*）、琼・杰特（Joan Jett）的《我爱摇滚》（*I Love Rock and Roll*）。

播放列表：入场音乐

» 弗兰克・西纳特拉（Frank Sinatra）演唱版的《带我飞向月球》（*Fly Me to the Moon*）。

» 吉卜力工作室创作的配乐。

播放列表：用于任务执行和计时的音乐

» 班尼・黑尔（Benny Hill）主题音乐。

- 电影《碟中谍》（*Mission Impossible*）的主题曲。
- 电影《倒计时》（*Countdown*）的主题曲。
- 彼得、保罗和玛丽的歌曲《帕夫，有魔法的小神龙》（*Puff the Magic Dragon*）。
- 电视剧《天龙特攻队》（*The A-Team*）的音乐。

播放列表：用于写作教学的音乐

- 马克斯·里希特（Max Richter）创作的乐曲《弗拉基米尔的蓝调》（*Vladimir's Blues*）可用于教授创意写作。
- 约翰·列侬（John Lennon）创作的《想象》（*Imagine*）可用于教授议论文写作。

播放列表：引发思考的音乐

- 扬·提尔森（Yann Tiersen）创作的《童年》（*Childhood*）。
- 约翰·塞巴斯蒂安·巴赫（Johann Sebastian Bach）创作的D小调《双小提琴协奏曲》（*Double Violin Concerto*）。
- 莫扎特（Wolfgang Amadeus Mozart）、马克斯·布鲁赫（Max Bruch）创作的音乐。

通过音乐学习

音乐能够带给人归属感，在所有艺术形式中，音乐所能包含的文化类型或许是最多样的。我们可以从音乐中学习到文学、地理、科学等不同学科的知识。同时音乐能够超越语言的边界，以情感更为强烈、丰富的表达方式触及听者的内心。格拉斯顿伯里音乐节（Glastonbury Music Festival）及怀特岛音乐节（Isle of Wight Festival）等大型户外音乐节的流行在某种程度上说明了，对于大部分的年轻人来说，音乐是一种能够让他们大声表达自己心声的方式。然而，我们在课堂教学中使用流行音乐（或古典音乐）并不仅仅是为了拉近与学生的距离，更重要的是充分利用音乐这一独特的学习资源。

在文学课，你可以尝试：

» 在朗读诗歌或其它体裁的文学作品时加入配乐，配乐可以来自电影的原声带或学生自己创作的音乐，或鼓励学生结合歌曲的旋律与意境进行写作。

在地理课，你可以尝试：

» 播放你们正在学习的国家、地区的音乐，包括传统民谣、流行音乐等不同类型的音乐，避免学生对某一地区的音乐文化产生刻板印象。

在科学课上，你可以尝试：

- 通过讲述声波、共振、乐器发声的物理学原理，与学生探索声音是如何产生的。
- 在讲述太空主题的内容时，使用霍尔斯特的《行星》组曲，与学生讨论乐曲如何表现不同行星的特征？自霍尔斯特生活的年代（1874—1934）以来，我们对行星的认识发生了哪些变化？

第十六章

舞蹈家

身体没有翅膀也能飞翔，它可以无声地歌唱。舞蹈本身就是强大的魔法。

——珀尔·普里莫斯（Pearl Primus）

与演员不同，舞蹈家只能通过身体传递自己想要表达的思想，他们通过科学的练习掌握了准确控制身体动作的方法。作为教师，我们也应了解身体是如何学习的，学会掌控自己的体态和动作，并在课堂教学中融入更多身体参与学习的活动。

我们常常认为智力存在于大脑，而事实上，在个体获取智慧方面，身体同样发挥着不可替代的作用。我们通过身体去感知、学习、理解及记忆知识。通常在儿童发展早期阶段，我们会十分关注他们的运动量，但随着孩子年龄的增长，我们开始要求他们花更多的时间安安静静地坐着学习。但实践证明，无论学生处于哪个年龄段，在教学中融入身体参与学习的活动能够有效提高学生的课堂参与度和专注度。

身体控制

舞蹈家的身体核心力量十分强大，他们能够在完成高难度的动作的同时保持身体的平衡与优雅。芭蕾舞演员通过微调手臂与手指便可以展现出藤蔓般完美的线条。我们可以学习舞蹈家控制体态、动作、姿势的方法，使自己在课堂教学中展现更好的状态。

» 随时提醒自己调整体态与姿势，随着时间的推移，不佳的体态与姿势会导致背部和颈部出现问题。
» 时刻保持背部挺直的状态。正确的坐姿、站姿可以帮助你保持平稳的气息。
» 正如舞蹈家可以依靠手指的细微动作表达丰富的情感，你也可以用微小的动作向学生传达大量信息。动作的细节控制得越好，你传递的信息就越明确、清晰。

不同年龄段的学生对于身体核心力量及精细动作的控制能力不同。我们应时刻注意学生的身体状态。例如，提醒他们在座位或地毯上坐直，纠正他们的执笔姿势。如果你注意到学生此刻烦躁不安或情绪低落，可暂停教学，让他们自由活动，休息片刻。

掌控教学空间

课堂是教学发生的场所，这一空间属于教师同样属于学生。正如舞蹈家通过不断变换位置掌控整个舞台，我们也可以通过选择自己的教学位置掌控教学空间，与学生进行有效互动，实现身体与心智均在场的教学。你可以尝试：

- 观察教室中的哪些角落是你的视觉盲区，提醒自己关注这些区域，使其进入你的教学视野。
- 时常变换教学位置，避免一直集中于教室的一侧或仅站立在讲台中心教学。
- 在教学时通过调整自己的位置，确保自己能与教室里的每个孩子进行眼神交流。
- 走到正在回答问题的学生身边，以表达自己乐于倾听的意愿。
- 在教室里的不同位置进行教学，避免仅站在讲台区域面向学生讲述课程内容，观察如果你从教室的侧面或后面讲课会发生什么。通常情况下，面向学生讲课能够帮助我们更直接地观察学生的听课状态，但有时站在学生的后方讲课，使自己在教学空间中“不可见”会让学生将注意力更多地集中在你的声音及你正在讲述的内容上。
- 考虑你的动作风格及行走的方式。你可以调整自己在教室内的行走方式（如平稳、缓慢、快速），以传递不同的情绪和感受（如平和、犹豫、兴奋）。

» 在教学中充分使用身体语言（尤其是眼神及面部微表情）。孩子们十分擅长从细微的动作中领悟意义，非语言的交流方式能够给予他们更丰富的情绪体验。

发挥身体学习的优势

你可以尝试在教学中融入更多身体参与学习的活动，让学生发现并学会利用身体学习的优势：

- 在讲故事的同时演绎故事情节。例如，扮演正在爬树的小猴子。
- 借鉴故事内容（如艾瑞·卡尔创作的《饥饿的毛毛虫》）设计形体训练课程。
- 在教室内设置可用于书写及固定图片素材的白板和高画架，为学生站立着进行演讲、绘画、材料分析做好准备。
- 在长时间集中精力学习的间隙，让学生放松身体，休息片刻，或支持学生去户外运动。

运动起来

我们都知道运动很重要，但随着课业压力的增加，我们偶尔会舍弃学生运动的时间。但事实上，在学习过程中融入适量的身体运动，或设置身体参与学习的活动能够让学生学得更好。伊莱恩·威利（Elaine Wyllie）曾任斯特林圣尼尼安小学的校长，她发起了"每日一英里"（约1.6千米）活动。伊莱恩·威利发现每天短时间的运动不仅使在校学生的肥胖率大幅降低，学生的学习专注度也有所提升。我们应尽可能尝试室内学习与户外学习结合的方式，在教学中融入更多身体参与学习的活动，让孩子们运动起来。在我曾经工作过的学校，每周设有"森林日"，在这一天学生会有约5个小时的户外活动时间，他们自由奔跑、玩耍、探索自然，身体与心智都得到了有效的锻炼。

通过舞蹈学习

虽然舞蹈与其他学科领域之间的联系可能不如其他艺术形式体现得那样直接，但只要发挥想象力，我们也可以在教学中融入舞蹈元素。

在读写课，你可以尝试：

- 鼓励学生用动作演绎文字描述的画面。例如，威尔弗雷德·欧文的诗歌《为国捐躯》中描绘的士兵“塌腰驼背，如麻袋下的老乞丐”。
- 让学生用动作表达不同词性的词语意义。例如，介词向上、越过、在后方；形容词美丽、丑陋；副词快速地、流畅地。

在数学课，你可以尝试：

- 借助身体动作阐释有关对称的几何概念。
- 借助舞蹈学习顺时针、逆时针，以及不同方向的旋转运动。

在地理课，你可以尝试：

- 在讲述不同国家、地区的文化时，让学生观看、学习当地的舞蹈。例如，欧洲五朔节（May Day）的五月花柱舞（Maypole Dance）或中国春节的舞龙。

第十七章

厨师

他是个大胆的人，第一个吃牡蛎的人。

——乔纳森·斯威夫特（Jonathan Swift）

烹饪本身就是一个创造的过程。就像画家进行调色一样，厨师将不同味道的食材混合在一起，形成具有个人风格的独特菜品。食物的味道也是可以被“看见”的，如果你点的菜看起来很精致，你大概率也会非常享受这一餐。食物与我们的情绪记忆息息相关。当我们知道一个好消息时，我们会享用美食来庆祝，当我们不开心时，也会选择用美食来安慰自己，而一家人围坐在一起吃饭、聊天更是美好的家庭记忆。食物在任何文化中的地位都极为重要。在某种程度上，我们通过当地种植的主要农作物、居民的日常饮食特点来了解一个国家、地区。食物包含了多样的社会、情感及文化信息，只要我们科学地选择食物，并对可能由操作食材造成的混乱，以及学生可能存在的食物过敏反应进行风险评估，食物也可作为富有创造性的学习素材。

每位具有艺术力的教师都有自己完美的课程设计配方。菜肴可以看作我们向学生传授的知识或技能，它需要新鲜的食材、适量的香料保证菜品的质量与风味。同时，我们必须在恰当的时间把菜肴（学习内容）呈上来，否则，我们的食客（学生）可能会觉得食物太热或太冷，失去品尝的兴趣。厨师在烹饪食材的过程中会听到加热酱汁的起泡声、煎烤香肠的嘶嘶声，以及食物散发的香味，这是一个多感官沉浸式体验的过程，而作为教师，我们同样希望学生能真正享受学习、理解及应用知识的过程。

食物激励

当我们谈论以食物作为一种激励学生学习的方式时，你或许会想到在学生达成某项学习目标时，给他们一块糖果或小蛋糕等作为奖励，其实以食物激励学生学习的方式有很多，同时食物也可作为富有趣味性、创造性的学习素材。

与学生共进午餐

每周五你可以选择一位在本周表现出色的学生共进午餐（如你可以选择一位平时很少得到他人肯定和欣赏，但从未放弃学习的孩子）。你可以提前布置好餐桌，铺上洁白的桌布，摆放好干净、闪亮的餐具、鲜花、蜡烛，将颇具仪式感的午餐作为对学生的奖励。

鼓励学生自己种植

在校园的花园内或某一开阔的户外空间，鼓励学生自己动手种植喜欢的蔬菜、水果，以此了解健康饮食和可持续发展的生活方式，拓展学习。英国皇家园艺学会（Royal Horticultural Society）实施了一项学校菜园推广计划，为学生自己种植植物提供支持，这不仅有益于学生的身体健康，还可以让他们了解有关食物来源，以及农业种植的知识，例如：

» 植物生长所必须的条件。

» 季节、天气、温度、湿度、土壤类型、肥料等对植物生长的影响。

» 益虫与害虫，以及蜜蜂和其他授粉昆虫对植物生长及繁殖的作用。

» 不同粮食作物的原产地，以及它们的传播路径。

» 选择本地、当季食物的好处，以及选择进口食物对环境的影响。

» 有机耕作的方法。

» 遗传学、植物育种技术。例如，与学生讨论标为F1的杂交种的含义，以及杂交种潜在的优势与弊端。

通过食物建立联系

食物在日常家庭生活中占据着重要地位，而在学校，我们不仅可以通过美食拉近与学生的关系，也可以通过举办美食活动邀请学生的家长参与学校活动，增进学校与家庭的交流，你可以尝试：

- 举办美食品鉴会、饼干义卖活动，或邀请家长与学生一起设计、装饰复活节彩蛋。
- 请家长与孩子一起制作简单的菜肴，并让学生记录做饭的过程和体验，对于不经常在家做饭的家庭，你可以让学生将在学校菜园种植的蔬菜带回家制作蔬菜沙拉。
- 在学期的最后一堂课或最后一次集体活动，为孩子们购买早餐，或组织一个年终派对，让学生每人带一份自己喜欢的食物，与他人分享美食。
- 在每个月最后一周的星期五举办“水果星期五”活动，学生可以在那一天将准备好的水果带到学校，与家长一起制作水果冰沙、果汁、水果串。

通过食物学习

食物可以调动多感官参与参与学习过程，因此我们可以将食物作为课程设计中的创意元素，建立课程内容与食物之间的关联。

在实践课，你可以尝试：

» 组织一个跨校合作项目，通过制作、出售巧克力棒等食品为慈善机构筹集资金。学生可负责食品选择，以及包装设计、制作的环节。
» 按照不同的食谱制作一些饼干、蛋糕，然后对成品进行比较，以此让学生了解在食物制作过程中使用正确的材料配比的重要性。

在科学课，你可以尝试：

» 利用各种水果模拟宇宙中的行星，使不同水果间的体积之比尽可能与不同行星间的体积之比相近。
» 分别列出不同品牌的番茄酱的配料及营养成分，使学生了解描述食物的专业术语。
» 以一瓶碳酸饮料作为讲述弱酸概念的起点。例如，提问学生配料表中的哪一成分会导致饮料呈微酸性？
» 让学生一起观察食物制作中出现的可逆及不可逆反应。例如，在水中融化一些巧克力，然后再将其冷却，巧克力能够重新回到固体状态。而在水中煮一个鸡蛋，然后将其冷却，鸡蛋无法恢复到原来的状态。

» 在你的教室的橱柜上放一根香蕉，让学生观察香蕉从浅绿色未成熟的状态发展到深褐色接近腐烂的状态的过程。

在商业分析课上，你可以尝试：

» 让学生使用不同的生产方法制作果酱三明治，第一组学生采用独立作业的生产方式制作三明治，每个三明治完全由个人制作完成。第二组学生采用分批制作的方式，即批量完成各个部分，然后进行组装。第三组学生使用传送带系统，每个人完成自己负责的部分，然后按照环节顺序进行传递，直至最后一个环节完成。与学生从生产率、产品质量、标准化三个角度进行讨论，分析哪一种生产方式最高效。
» 用一个完整的橙子及其分开的每块橙子阐释市场细分的概念，以及子市场的规模和类型。
» 让学生设计巧克力的配料表，并设计、制作巧克力包装。你可以设置一个预算，这意味着学生需要综合考虑巧克力的配料成本，以及包装对顾客的吸引力、营销策略等问题。

在地理课，你可以尝试：

» 让学生选择一种可以在多个地区种植的粮食作物（如马铃薯），讨论其在不同地区种植方式的差异。

在历史课上，你可以尝试：

- 与学生讨论随着时间的推移，不同地区的饮食文化发生了怎样的变化？在不同的国家，哪些食物容易获得，哪些食物可能是奢侈品？
- 让来自不同文化背景的学生介绍他们的家庭饮食习惯是什么？日常的饮食是怎样的？在特殊的节日里他们会准备哪些食物？
- 使用杵臼将小麦碾碎制成面粉，然后用面粉制作面包，并将这样的食物制作方式与铁器时代的农耕文明联系起来。与学生讨论不同时期人们获取、制作食物的方式，以及食物的可获得性对当时社会生活的影响。如果没有农业机械，我们只能依靠人力种植、制作食物，现在的生活会是怎样的？

在数学课，你可以尝试：

- 利用比萨饼学习等分、分数、角度的概念。例如，提问学生如果比萨饼直径为30厘米，我们如何计算它的周长？如果全班共30位学生，需要切几刀才能将它平均分为30份？
- 将不同颜色的糖果放入试管中，清晰地向学生展示试管中每种颜色的糖果的数量，阐释比例、概率的概念。例如，提问学生试管中蓝色糖果的比例是多少？下一颗挑到绿色糖果的概率是多少？
- 让学生按照要求制作不同形状的三明治。例如，要求学生将奶酪切成立方体，或将黄瓜片对称排列。
- 设计一个为期一周的跨学科项目，让学生利用游戏时间经营一个水果便利店。要求学生综合考虑商品的定价、成本、营销等问题，计算出最优惠的价格。你可以给予学生一笔启动资金，看他们通过投资最终能为自己喜爱的慈善机构筹得多少钱。

在文学课，你可以尝试：

» 让学生以糖霜为画笔，在饼干上画出正在学习的文学作品中的人物形象（如莎士比亚戏剧中的人物），并让学生分享自己的设计突出表现了人物的哪些特点。
» 与学生分享作家通过食物描写表达情感的例子。如卡罗尔·安·达菲（Carol Ann Duffy）的诗歌《情人节》（*Valentine*）中的描述“不是红玫瑰，也不是缎子心。我送给你一颗洋葱，那是牛皮纸包裹的月亮。它承诺光，就像爱，细心地解开”。
» 与学生一边享受美食，一边阅读。例如，在阅读简·奥斯汀（Jane Austen）的作品《傲慢与偏见》（*Pride and Prejudice*）时，体验传统的英式下午茶。

在艺术课，你可以尝试：

» 支持学生利用食物进行艺术创作。例如，将水果、蔬菜的汁液作为颜料在任何可着色的表面进行绘画。最后，将学生的成果拍照留存。

10个小建议

你要么前进一步走向成长，要么后退一步走向安全。

——亚伯拉罕·马斯洛（Abraham Maslow）

此刻我们正在经历一个艰难的时期：学校面临资金不足，教师面对新课程与新评价体系带来了的挑战。在这样的情况下，尝试富有创造性的教学方法，培养艺术力似乎是我们最后考虑的事情，但从一切为了学生的角度出发，这其实是我们应优先思考的事情。事实上，从历史的角度来看，当人们遇到困难、挑战的时候，会自然转向艺术寻求安慰。艺术似乎有让我们在最无助、迷茫的时刻重燃希望的神奇力量。

你不需要苛刻地要求自己在短时间内做出许多改变，或追求每一次的尝试都有完美的结果。以下是10个小建议，帮助你从最微小的改变，最简单的尝试开始，培养艺术力。

1. 每周尝试做一个新的活动或实验。即使这个活动或实验只持续几分钟，它也会带给学生新的学习体验，让你发现改变的意义。

2. 在世界读书日、国际博物馆日等主题日，暂且将课程内容放在一边，与学生一起设计与主题日相关的活动，并全情投入其中。例如，花一整天的时间体验博物馆的艺术策展项目。

3. 每周至少完成一次没有确定结果，或不设置最终评价环节的任务。通过这样的方式让学生理解，结果的价值取决于我们对其的认识，重要的是我们在学习过程中收获的思考与感受。

4. 将一件对你而言有特殊意义的小礼物带到教室，向学生讲述这件礼物背后的故事。

5. 让学生投票选出他们最喜欢的一首歌，将其融入你的课程设计或校园活动中。例如，将这首歌作为课间休息时播放的音乐。

6. 鼓励学生用富有创造性的表现形式阐述自己的理解，而不是仅做出文字性的叙述。例如，通过制作动画、创作歌曲、拍摄视频等方式表达自己的想法。

7. 参考富有艺术代表性的电影节的奖项设置，根据课程进度或学生的学习表现每周设置一个奖项。例如，为出色完成作业的学生颁发“极具天赋奖”。

8. 鼓励学生独立创作。例如，写作、绘画、制作原创歌曲、设计模型等。

9. 在合适的时间、场合，尝试穿着与教学主题或内容相关的服装进行角色扮演，为学生创设沉浸式的学习情境。

10. 学生可以将过去试卷中自己希望留存的部分裁剪下来，将其制作为拼贴画，以此纪念自己的学习之旅。

“常青藤”书系—中青文教师用书总目录

	书名	书号	定价
	特别推荐——从优秀到卓越系列		
★	从优秀教师到卓越教师：极具影响力的日常教学策略	9787515312378	33.80
★	从优秀教学到卓越教学：让学生专注学习的最实用教学指南	9787515324227	39.90
★	从优秀学校到卓越学校：他们的校长在哪些方面做得更好	9787515325637	59.90
★	卓越课堂管理（中国教育新闻网2015年度“影响教师的100本书”）	9787515331362	88.00
	名师新经典/教育名著		
	最难的问题不在考试中：先别教答案，带学生自己找到想问的事	9787515365930	48.00
	在芬兰中小学课堂观摩研修的365日	9787515363608	49.00
★	马文·柯林斯的教育之道：通往卓越教育的路径（《中国教育报》2019年度“教师喜爱的100本书”，中国教育新闻网“影响教师的100本书”。朱永新作序，李希贵力荐）	9787515355122	49.80
★	如何当好一名学校中层：快速提升中层能力、成就优秀学校的31个高效策略	9787515346519	49.00
★	像冠军一样教学：引领学生走向卓越的62个教学诀窍	9787515343488	49.00
	像冠军一样教学 2：引领教师掌握62个教学诀窍的实操手册与教学资源	9787515352022	68.00
★	如何成为高效能教师	9787515301747	89.00
★	给教师的101条建议（第三版）（《中国教育报》“最佳图书”奖）	9787515342665	49.00
★	改善学生课堂表现的50个方法（入选《中国教育报》“影响教师的100本书”）	9787500693536	33.00
	改善学生课堂表现的50个方法操作指南：小技巧获得大改变	9787515334783	39.00
	美国中小学世界历史读本 / 世界地理读本 / 艺术史读本	9787515317397等	106.00
	美国语文读本1-6	9787515314624等	252.70
	和优秀教师一起读苏霍姆林斯基	9787500698401	27.00
	快速破解60个日常教学难题	9787515339320	39.90
★	美国最好的中学是怎样的——让孩子成为学习高手的乐园	9787515344713	28.00
	建立以学习共同体为导向的师生关系：让教育的复杂问题变得简单	9787515353449	33.80
	教师成长/专业素养		
	如何更积极地教学	9787515369594	49.00
	教师的专业成长与评价性思考：专业主义如何影响和改变教育	9787515369143	49.90
	精益教育与可见的学习：如何用更精简的教学实现更好的学习成果	9787515368672	59.00
	教学这件事：感动几代人的教师专业成长指南	9787515367910	49.00
	如何更快地变得更好：新教师90天培训计划	9787515365824	59.90
	让每个孩子都发光：赋能学生成长、促进教师发展的KIPP学校教育模式	9787515366852	59.00
	60秒教师专业发展指南：给教师的239个持续成长建议	9787515366739	59.90
	通过积极的师生关系提升学生成绩：给教师的行动清单	9787515356877	49.00
	卓越教师工具包：帮你顺利度过从教的前5年	9787515361345	49.00
★	可见的学习与深度学习：最大化学生的技能、意志力和兴奋感	9787515361116	45.00
	学生教给我的17件重要的事：带给你爱、勇气、坚持与创意的人生课堂	9787515361208	39.80
★	教师如何持续学习与精进	9787515361109	39.00
	从实习教师到优秀教师	9787515358673	39.90
	像领袖一样教学：改变学生命运，使学生变得更好（中国教育新闻网2015年度“影响教师的100本书”）	9787515355375	49.00
★	你的第一年：新教师如何生存和发展	9787515351599	33.80
	教师精力管理：让教师高效教学，学生自主学习	9787515349169	39.90
	如何使学生成为优秀的思考者和学习者：哈佛大学教育学院课堂思考解决方案	9787515348155	49.90
	反思性教学：一个已被证明能让教师做到更好的培训项目（30周年纪念版）	9787515347837	59.90
★	凭什么让学生服你：极具影响力的日常教育策略（中国教育新闻网2017年度“影响教师的100本书”）	9787515347554	39.90
	运用积极心理学提高学生成绩（中国教育新闻网2017年度“影响教师的100本书”）	9787515345680	59.90
	可见的学习与思维教学：成长型思维教学的54个教学资源：教学资源版	9787515354743	36.00

	书名	书号	定价
★	可见的学习与思维教学：让教学对学生可见，让学习对教师可见（中国教育报2017年度“教师最喜爱的100本书”）	9787515345000	39.90
	教学是一段旅程：成长为卓越教师你一定要知道的事	9787515344478	39.00
	安奈特・布鲁肖写给教师的101首诗	9787515340982	35.00
	万人迷老师养成宝典学习指南	9787515340784	28.00
	中小学教师职业道德培训手册：师德的定义、养成与评估	9787515340777	32.00
	成为顶尖教师的10项修炼（中国教育新闻网2015年度“影响教师的100本书”）	9787515334066	49.90
★	T. E. T. 教师效能训练：一个已被证明能让所有年龄学生做到最好的培训项目（30周年纪念版）（中国教育新闻网2015年度“影响教师的100本书”）	9787515332284	49.00
	教学需要打破常规：全世界最受欢迎的创意教学法（中国教育新闻网2015年度“影响教师的100本书”）	9787515331591	45.00
	给幼儿教师的100个创意：幼儿园班级设计与管理	9787515330310	39.90
	给小学教师的100个创意：发展思维能力	9787515327402	29.00
	给中学教师的100个创意： 如何激发学生的天赋和特长 / 杰出的教学 / 快速改善学生课堂表现	9787515330723等	87.90
	以学生为中心的翻转教学11法	9787515328386	29.00
	如何使教师保持职业激情	9787515305868	29.00
★	如何培训高效能教师：来自全美权威教师培训项目的建议	9787515324685	39.90
	良好教学效果的12试金石：每天都需要专注的事情清单	9787515326283	29.90
★	让每个学生主动参与学习的37个技巧	9787515320526	45.00
	给教师的40堂培训课：教师学习与发展的最佳实操手册	9787515352787	39.90
	提高学生学习效率的9种教学方法	9787515310954	27.80
★	优秀教师的课堂艺术：唤醒快乐积极的教学技能手册	9787515342719	26.00
★	万人迷老师养成宝典（第2版）（入选《中国教育报》“2010年影响教师的100本书”）	9787515342702	39.00
	高效能教师的9个习惯	9787500699316	26.00
	课堂教学/课堂管理		
	好的教学是设计出来的：一套详细、先进、实用的卓越课堂设计和实施方案	9787515370705	49.00
	翻转课堂与差异化教学：以学生为中心的课内翻转教学法	9787515370590	49.00
	精益备课法：在课堂上少做多得的实用方法	9787515370088	49.00
	记忆教学法：利用记忆在课堂上建立深入和持久的学习	9787515370095	49.00
	动机教学法：利用学习动机科学来提高课堂上的注意力和努力	9787515370101	49.00
★	课堂上的提问逻辑：更深度、更系统地促进学生的学习与思考	9787515369983	49.90
	可见的教学影响力：系统地执行可见的学习5D深度教学	9787515369624	59.00
	极简课堂管理法：给教师的18个精进课堂管理的建议	9787515369600	49.00
★	像行为管理大师一样管理你的课堂：给教师的课堂行为管理解决方案	9787515368108	59.00
	差异化教学与个性化教学：未来多元课堂的智慧教学解决方案	9787515367095	49.90
	如何设计线上教学细节：快速提升线上课程在线率和课堂学习参与度	9787515365886	49.00
	设计型学习法：教学与学习的重新构想	9787515366982	59.00
	让学习真正在课堂上发生：基于学习状态、高度参与、课堂生态的深度教学	9787515366975	49.00
	让教师变得更好的75个方法：用更少的压力获得更快的成功	9787515365831	49.00
	技术如何改变教学：使用课堂技术创造令人兴奋的学习体验，并让学生对学习记忆深刻	9787515366661	49.00
	课堂上的问题形成技术：老师怎样做，学生才会提出好的问题	9787515366401	45.00
	翻转课堂与项目式学习	9787515365817	45.00
★	优秀教师一定要知道的19件事：回答教师核心素养问题，解读为什么要向优秀者看齐	9787515366630	39.00
	从作业设计开始的30个创意教学法：运用互动反馈循环实现深度学习	9787515366364	59.00
	基于课堂中精准理解的教学设计	9787515365909	49.00
	如何创建培养自主学习者的课堂管理系统	9787515365879	49.00
	如何设计深度学习的课堂：引导学生学习的176个教学工具	9787515366715	49.90
	如何提高课堂创意与参与度：每个教师都可以使用的178个教学工具	9787515365763	49.90

	书名	书号	定价
	如何激活学生思维：激励学生学习与思考的187个教学工具	9787515365770	49.90
	男孩不难教：男孩学业、态度、行为问题的新解决方案	9787515364827	49.00
★	高度参与的线上线下融合式教学设计：极具影响力的备课、上课、练习、评价项目教学法	9787515364438	49.00
★	跨学科项目式教学：通过“+1”教学法进行计划、管理和评估	9787515361086	49.00
	课堂上最重要的56件事	9787515360775	35.00
★	全脑教学与游戏教学法	9787515360690	39.00
★	深度教学：运用苏格拉底式提问法有效开展备课设计和课堂教学	9787515360591	49.90
★	一看就会的课堂设计：三个步骤快速构建完整的课堂管理体系	9787515360584	39.90
	如何有效激发学生学习兴趣	9787515360577	38.00
	如何解决课堂上最关键的9个问题	9787515360195	49.00
	多元智能教学法：挖掘每一个学生的最大潜能	9787515359885	39.90
★	探究式教学：让学生学会思考的四个步骤	9787515359496	39.00
	课堂提问的技术与艺术	9787515358925	49.00
	如何在课堂上实现卓越的教与学	9787515358321	49.00
	基于学习风格的差异化教学	9787515358437	39.90
★	如何在课堂上提问：好问题胜过好答案	9787515358253	39.00
★	高度参与的课堂：提高学生专注力的沉浸式教学	9787515357522	39.90
	让学习变得有趣	9787515357782	39.00
★	如何利用学校网络进行项目式学习和个性化学习	9787515357591	39.90
	基于问题导向的互动式、启发式与探究式课堂教学法	9787515356792	49.00
	如何在课堂中使用讨论：引导学生讨论式学习的60种课堂活动	9787515357027	38.00
	如何在课堂中使用差异化教学	9787515357010	39.90
★	如何在课堂中培养成长型思维	9787515356754	39.90
	每一位教师都是领导者：重新定义教学领导力	9787515356518	39.90
★	教室里的1-2-3魔法教学：美国广泛使用的从学前到八年级的有效课堂纪律管理	9787515355986	39.90
	如何在课堂中使用布卢姆教育目标分类法	9787515355658	39.00
	如何在课堂上使用学习评估	9787515355597	39.00
	7天建立行之有效的课堂管理系统：以学生为中心的分层式正面管教	9787515355269	29.90
	积极课堂：如何更好地解决课堂纪律与学生的冲突	9787515354590	38.00
	设计智慧课堂：培养学生一生受用的学习习惯与思维方式	9787515352770	39.00
	追求学习结果的88个经典教学设计：轻松打造学生积极参与的互动课堂	9787515353524	39.00
	从备课开始的100个课堂活动设计：创造积极课堂环境和学习乐趣的教师工具包	9787515353432	33.80
	老师怎么教，学生才能记得住	9787515353067	48.00
	多维互动式课堂管理：50个行之有效的方法助你事半功倍	9787515353395	39.80
	智能课堂设计清单：帮助教师建立一套规范程序和做事方法	9787515352985	49.90
	提升学生小组合作学习的56个策略：让学生变得专注、自信、会学习	9787515352954	29.90
	快速处理学生行为问题的52个方法：让学生变得自律、专注、爱学习	9787515352428	39.00
	王牌教学法：罗恩·克拉克学校的创意课堂	9787515352145	39.80
	让学生快速融入课堂的88个趣味游戏：让上课变得新颖、紧凑、有成效	9787515351889	39.00
★	如何调动与激励学生：唤醒每个内在学习者（李希贵校长推荐全校教师研读）	9787515350448	39.80
	合作学习技能35课：培养学生的协作能力和未来竞争力	9787515340524	59.00
	基于课程标准的STEM教学设计：有趣有料有效的STEM跨学科培养教学方案	9787515349879	68.00
	如何设计教学细节：好课堂是设计出来的	9787515349152	39.00
	15秒课堂管理法：让上课变得有料、有趣、有秩序	9787515348490	49.00
	混合式教学：技术工具辅助教学实操手册	9787515347073	39.80
	从备课开始的50个创意教学法	9787515346618	39.00
	中学生实现成绩突破的40个引导方法	9787515345192	33.00
	给小学教师的100个简单的科学实验创意	9787515342481	39.00

	书名	书号	定价
	老师如何提问，学生才会思考	9787515341217	49.00
	教师如何提高学生小组合作学习效率	9787515340340	39.00
	卓越教师的200条教学策略	9787515340401	49.90
	中小学生执行力训练手册：教出高效、专注、有自信的学生	9787515335384	49.90
	从课堂开始的创客教育：培养每一位学生的创造能力	9787515342047	33.00
	提高学生学习专注力的8个方法：打造深度学习课堂	9787515333557	35.00
	改善学生学习态度的58个建议	9787515324067	36.00
★	全脑教学（中国教育新闻网2015年度“影响教师的100本书”）	9787515323169	38.00
★	全脑教学与成长型思维教学：提高学生学习力的92个课堂游戏	9787515349466	39.00
★	哈佛大学教育学院思维训练课：让学生学会思考的20个方法	9787515325101	59.90
	完美结束一堂课的35个好创意	9787515325163	28.00
	如何更好地教学：优秀教师一定要知道的事	9787515324609	49.90
	带着目的教与学	9787515323978	39.90
★	美国中小学生社会技能课程与活动（学前阶段/1-3年级/4-6年级/7-12年级）	9787515322537等	215.70
	彻底走出教学误区：开启轻松智能课堂管理的45个方法	9787515322285	28.00
	破解问题学生的行为密码：如何教好焦虑、逆反、孤僻、暴躁、早熟的学生	9787515322292	36.00
	13个教学难题解决手册	9787515320502	28.00
★	让学生爱上学习的165个课堂游戏	9787515319032	59.00
	美国学生游戏与素质训练手册：培养孩子合作、自尊、沟通、情商的103种教育游戏	9787515325156	49.00
	老师怎么说，学生才会听	9787515312057	39.00
	快乐教学：如何让学生积极与你互动（入选《中国教育报》“影响教师的100本书”）	9787500696087	29.00
★	老师怎么教，学生才会提问	9787515317410	29.00
★	快速改善课堂纪律的75个方法	9787515313665	39.90
★	教学可以很简单：高效能教师轻松教学7法	9787515314457	39.00
★	好老师可以避免的20个课堂错误（入选《中国教育报》“影响教师的100本图书”）	9787500688785	39.90
★	好老师应对课堂挑战的25个方法（《给教师的101条建议》作者新书）	9787500699378	25.00
★	好老师激励后进生的21个课堂技巧	9787515311838	39.80
★	开始和结束一堂课的50个好创意	9787515312071	29.80
	好老师因材施教的12个方法（美国著名教师伊莉莎白“好老师”三部曲）	9787500694847	22.00
★	如何打造高效能课堂	9787500680666	29.00
	合理有据的教师评价：课堂评估衡量学生进步	9787515330815	29.00
	班主任工作/德育		
	30年班主任，我没干够（《凭什么让学生服你》姊妹篇）	9787515370569	59.00
★	北京四中8班的教育奇迹	9787515321608	36.00
★	师德教育培训手册	9787515326627	29.80
★	好老师征服后进生的14堂课（美国著名教师伊莉莎白“好老师”三部曲）	9787500693819	39.90
	优秀班主任的50条建议：师德教育感动读本（《中国教育报》专题推荐）	9787515305752	23.00
	学校管理/校长领导力		
★	哈佛大学教育学院学校创新管理课	9787515369389	59.90
	如何构建积极型学校	9787515368818	49.90
	卓越课堂的50个关键问题	9787515366678	39.00
	如何培育卓越教师：给学校管理者的行动清单	9787515357034	39.00
★	学校管理最重要的48件事	9787515361055	39.80
	重新设计学习和教学空间：设计利于活动、游戏、学习、创造的学习环境	9787515360447	49.90
	重新设计一所好学校：简单、合理、多样化地解构和重塑现有学习空间和学校环境	9787515356129	49.00
	让樱花绽放英华	9787515355603	79.00
	学校管理者平衡时间和精力的21个方法	9787515349886	29.90
	校长引导中层和教师思考的50个问题	9787515349176	29.00

书名	书号	定价
如何定义、评估和改变学校文化	9787515340371	29.80
优秀校长一定要做的18件事（入选《中国教育报》"2009年影响教师的100本书"）	9787515342733	39.90
学科教学/教科研		
精读三国演义20讲：读写与思辨能力提升之道	9787515369785	59.90
中学古文观止50讲：文言文阅读能力提升之道	9787515366555	59.90
完美英语备课法：用更短时间和更少材料让学生高度参与的100个课堂游戏	9787515366524	49.00
人大附中整本书阅读取胜之道：让阅读与作文双赢	9787515364636	59.90
北京四中语文课：千古文章	9787515360973	59.00
北京四中语文课：亲近经典	9787515360980	59.00
从备课开始的56个英语创意教学：快速从小白老师到名师高手	9787515359878	49.90
美国学生写作技能训练	9787515355979	39.90
《道德经》妙解、导读与分享（诵读版）	9787515351407	49.00
京沪穗江浙名校名师联手教你：如何写好中考作文	9787515356570	49.90
京沪穗江浙名校名师联手授课：如何写好高考作文	9787515356686	49.80
★ 人大附中中考作文取胜之道	9787515345567	59.90
★ 人大附中高考作文取胜之道	9787515320694	49.90
★ 人大附中学生这样学语文：走近经典名著	9787515328959	49.90
四界语文（入选《中国教育报》2017年度"教师喜爱的100本书"）	9787515348483	49.00
让小学一年级孩子爱上阅读的40个方法	9787515307589	39.90
让学生爱上数学的48个游戏	9787515326207	26.00
轻松100 课教会孩子阅读英文	9787515338781	88.00
情商教育/心理咨询		
连接课：与中小学学科课程并重的一门课	9787515370613	49.90
给大人的关于儿童青少年情绪与行为问题的应对指南	9787515366418	89.90
教师焦点解决方案：运用焦点解决方案管理学生情绪与行为	9787515369471	49.90
9节课，教你读懂孩子：妙解亲子教育、青春期教育、隔代教育难题	9787515351056	39.80
★ 学生版盖洛普优势识别器（独一无二的优势测量工具）	9787515350387	169.00
与孩子好好说话（获"美国国家育儿出版物（NAPPA）金奖"）	9787515350370	39.80
中小学心理教师的10项修炼	9787515309347	36.00
★ 别和青春期的孩子较劲（增订版）（入选《中国教育报》"2009年影响教师的100本书"）	9787515343075	39.90
★ 100条让孩子胜出的社交规则	9787515327648	28.00
守护孩子安全一定要知道的17个方法	9787515326405	32.00
幼儿园/学前教育		
幼儿园室内区域活动书：107个有趣的学习游戏活动	9787515369778	59.90
幼儿园户外区域活动书：106个有趣的学习游戏活动	9787515369761	59.90
中挪学前教育合作式学习：经验・对话・反思	9787515364858	79.00
幼小衔接听读能力课	9787515364643	33.00
用蒙台梭利教育法开启0～6岁男孩潜能	9787515361222	45.00
德国幼儿的自我表达课：不是孩子爱闹情绪，是她/他想说却不会说！	9787515359458	59.00
德国幼儿教育成功的秘密：近距离体验德国学前教育理念与幼儿园日常活动安排	9787515359465	49.80
美国儿童自然拼读启蒙课：至关重要的早期阅读训练系统	9787515351933	49.80
幼儿园30个大主题活动精选：让工作更轻松的整合技巧	9787515339627	39.80
★ 美国幼儿教育活动大百科：3-6岁儿童学习与发展指南用书 科学／艺术／健康与语言／社会	9787515324265等	600.00
蒙台梭利早期教育法：3-6岁儿童发展指南（理论版）	9787515322544	29.80
蒙台梭利儿童教育手册：3-6岁儿童发展指南（实践版）	9787515307664	33.00
★ 自由地学习：华德福的幼儿园教育	9787515328300	49.90
教育主张/教育视野		
重新定义教育：为核心素养而教，为生存能力而学	9787515369945	59.90

书名	书号	定价
重新定义学习：如何设计未来学校与引领未来学习	9787515367484	49.90
教育新思维：帮助孩子达成目标的实战教学法	9787515365848	49.00
学习是如何发生的：教育心理学中的开创性研究及其实践意义	9787515366531	59.90
父母不应该错过的犹太人育儿法	9787515365688	59.00
如何在线教学：教师在智能教育新形态下的生存与发展	9787515365855	49.00
正向养育：黑幼龙的慢养哲学	9787515365671	39.90
颠覆教育的人：蒙台梭利传	9787515365572	59.90
如何科学地帮助孩子学习：每个父母都应知道的77项教育知识	9787515368092	59.00
学习的科学：每位教师都应知道的99项教育研究成果（升级版）	9787515368078	59.90
学习的科学：每位教师都应知道的77项教育研究成果	9787515364094	59.00
真实性学习：如何设计体验式、情境式、主动式的学习课堂	9787515363769	49.00
哈佛前1%的秘密（俞敏洪、成甲、姚梅林、张梅玲推荐）	9787515363349	59.90
基于七个习惯的自我领导力教育设计：让学校育人更有道，让学生自育更有根	9787515362809	69.00
终身学习：让学生在未来拥有不可替代的决胜力	9787515360560	49.90
颠覆性思维：为什么我们的阅读方式很重要	9787515360393	39.90
如何教学生阅读与思考：每位教师都需要的阅读训练手册	9787515359472	39.00
成长型教师：如何持续提升教师成长力、影响力与教育力	9787515368689	48.00
教出阅读力	9787515352800	39.90
为学生赋能：当学生自己掌控学习时，会发生什么	9787515352848	33.00
如何用设计思维创意教学：风靡全球的创造力培养方法	9787515352367	39.80
如何发现孩子：实践蒙台梭利解放天性的趣味游戏	9787515325750	32.00
如何学习：用更短的时间达到更佳效果和更好成绩	9787515349084	49.00
教师和家长共同培养卓越学生的10个策略	9787515331355	27.00
★ 如何阅读：一个已被证实的低投入高回报的学习方法	9787515346847	39.00
★ 芬兰教育全球第一的秘密（钻石版）（《中国教育报》等主流媒体专题推荐）	9787515359922	59.00
培养终身学习能力和习惯的芬兰教育：成就每一个学生，拥有适应未来的核心素养和必备技能	9787515370415	59.00
★ 杰出青少年的7个习惯（精英版）	9787515342672	39.00
杰出青少年的7个习惯（成长版）	9787515335155	29.00
★ 杰出青少年的6个决定（领袖版）（全国优秀出版物奖）	9787515342658	49.90
★ 7个习惯教出优秀学生（第2版）（全球畅销书《高效能人士的七个习惯》教师版）	9787515342573	39.90
学习的科学：如何学习得更好更快（入选中国教育网2016年度“影响教师的100本书”）	9787515341767	39.80
杰出青少年构建内心世界的5个坐标（中国青少年成长公开课）	9787515314952	59.00
★ 跳出教育的盒子（第2版）（美国中小学教学经典畅销书）	9787515344676	35.00
夏烈教授给高中生的19场讲座	9787515318813	29.90
★ 学习之道：美国公认经典学习书	9787515342641	39.00
★ 翻转学习：如何更好地实践翻转课堂与慕课教学（中国教育新闻网2015年度“影响教师的100本书”）	9787515334837	32.00
★ 翻转课堂与慕课教学：一场正在到来的教育变革	9787515328232	26.00
翻转课堂与混合式教学：互联网+时代，教育变革的最佳解决方案	9787515349022	29.80
翻转课堂与深度学习：人工智能时代，以学生为中心的智慧教学	9787515351582	29.80
★ 奇迹学校：震撼美国教育界的教学传奇（中国教育新闻网2015年度“影响教师的100本书”）	9787515327044	36.00
★ 学校是一段旅程：华德福教师1–8年级教学手记	9787515327945	49.00
★ 高效能人士的七个习惯（30周年纪念版）（全球畅销书）	9787515360430	79.00

您可以通过如下途径购买：

1. 书　　店：各地新华书店、教育书店。
2. 网上书店：当当网（www.dangdang.com）、天猫（zqwts.tmall.com）、京东网（www.jd.com）。
3. 团　　购：各地教育部门、学校、教师培训机构、图书馆团购，可享受特别优惠。

购书热线：010–65511272 / 65516873